走进白马

探寻东亚的古老部族

向远木 ⊙ 著

四川党建期刊集团
四川民族出版社

图书在版编目（CIP）数据

走进白马 / 向远木著. —成都：四川民族出版社，2017.1（2021.9 重印）

ISBN 978-7-5409-6658-4

Ⅰ. ①走… Ⅱ. ①向… Ⅲ. ①散文集-中国-当代 Ⅳ. ①I267

中国版本图书馆 CIP 数据核字（2017）第 017081 号

走进白马
ZOUJIN BAIMA

向远木 著

出 版 人：	泽仁扎西
责任编辑：	韩　昊
装帧设计：	沈洪进
出版策划：	成都力扬文化传播有限公司
出版发行：	四川党建期刊集团
	四川民族出版社
地　　址：	四川省成都市青羊区敬业路 108 号
邮政编码：	610091
电　　话：	(028) 80640453
印　　刷：	永清县晔盛亚胶印有限公司
成品尺寸：	170mm×240mm
印　　张：	12.75
字　　数：	220
版　　次：	2017 年 1 月第 1 版
印　　次：	2021 年 9 月第 2 次印刷
书　　号：	ISBN 978-7-5409-6658-4
定　　价：	56.00 元

著作权所有，违者必究

目录 Contents

序　语　　　　　　　　　　／002

概　述
人口分布　　　　　　　　　／004
生态环境　　　　　　　　　／006
语言文字　　　　　　　　　／012
族称演变　　　　　　　　　／013
历史沿革　　　　　　　　　／015
社会政治　　　　　　　　　／030
经济史略　　　　　　　　　／034

风俗习惯
居住习俗　　　　　　　　　／038
饮食习俗　　　　　　　　　／048
家庭习俗　　　　　　　　　／053
婚姻习俗　　　　　　　　　／055
命名习俗　　　　　　　　　／066
丧葬习俗　　　　　　　　　／067
服饰习俗　　　　　　　　　／070
头饰习俗　　　　　　　　　／077
医药习俗　　　　　　　　　／080
礼节习俗　　　　　　　　　／082
年节习俗　　　　　　　　　／087

宗教信仰
自然崇拜　　　　　　　　　／094
动物崇拜　　　　　　　　　／098
祖先崇拜　　　　　　　　　／101
鬼魂崇拜　　　　　　　　　／102

猎神崇拜　　　　　　　　　／103
白莫崇拜　　　　　　　　　／104
民俗禁忌　　　　　　　　　／107

文学艺术
民间文学　　　　　　　　　／116
民间歌曲　　　　　　　　　／121
民间舞蹈　　　　　　　　　／130
民间工艺　　　　　　　　　／140
民间竞技　　　　　　　　　／150

民族风物
王朗国家级自然保护区　　　／154
小河沟省级自然保护区　　　／169
夺博河畔风光好　　　　　　／170
杜鹃山上景色美　　　　　　／175
风景如画海子沟　　　　　　／178
人间仙境天母湖　　　　　　／182
祭祀山神保平安　　　　　　／187
欢乐的山寨歌会　　　　　　／193

后　记　　　　　　　　　／197

序 语

古老的民族，悠久的历史
灿烂的文化，独特的民俗
昔日的辉煌，今朝的灿烂，神秘的图腾
历史、宗教、民俗、艺术……
在历史的长河中嬗变、积淀
尽管良莠杂陈
仍世世代代渗透于社会生活里
影响着头戴白羽毛的子民

数字化的今天
世界风云变幻
老寨、磨坊、神山、火塘以及发黄的经书
让我们去思索民族传统文化
厚重的遗产
这是我们迈向未来的坚实的人文基石
挖掘、继承、弘扬、发展优秀传统文化
是当今每个炎黄子孙义不容辞的责任

捡拾散落在白马大地上的文明碎片
探寻白马藏族之源流
介绍民俗文化之精华
指点风景名胜之精粹
让读者从通俗有趣的图文中
深化对白马藏族传统文化的了解
提高对民族文化保护的意识
增强民族自信心和凝聚力
激励建设美好家园和爱我中华的热情
便是此书的构想

向本书绳愆纠谬的读者致敬
亦在此呼吁
保护并传承我们的民族文化
珍视我们的历史

概 述

在青藏高原的东沿、四川盆地的北部、川甘交界的丛山深处，居住着一支古老而神秘的民族，今泛称白马藏族。在历史上，这里曾被史志古籍长期称为"氐羌地"。长期封闭和自然隔阻，一方面放慢了白马藏族走向现代文明的步伐，同时又使白马地区的原始自然人文环境得以延续至今。也正因为如此，当人们一旦揭开它头上的神秘面纱，必然会惊讶地发现，在现代文明让生活日新月异的今天，白马地区却至今有着人类世界"最后人间秘境"的美誉。一个古老的民族，一片美丽的土地，自然与人文在这里珠联璧合，交相辉映，共同构成了一个如诗如画的童话世界。

居住在涪江上游的平武白马藏族

人口分布

白马藏族集中分布于四川省绵阳市平武县、阿坝藏族羌族自治州九寨沟县（1998年前县名南坪），甘肃省陇南市文县等地，居住区域面积约10000平方千米，目前有人口20000余人。其中，平武县有8000余人，以聚居的形式集中分布在白马、木座、木皮、黄羊四个民族乡境内；九寨沟县有6000多人，以点状的形式集中分布在县城以下名叫下塘地区的11个乡境内；文县有4000余人，集中分布在铁楼乡等几个乡境内。此外，在甘肃武都南部，四川松潘县黄龙寺四沟、广元市青川县西边，以及平武、九寨沟、文县的县城等地也有一些零星分布的白马藏族。

白马藏族夫妇

能歌善舞的白马藏族

居住在大山深处的白马藏族

生态环境

　　平武的白马藏族主要聚居在白马、木座、木皮、黄羊四个民族乡境内，人们习称"白马路"。这些地区重峦叠嶂，风光如画，东边是景色秀丽、溪水清清的唐家河国家级自然保护区，北边是气势雄伟、林海莽莽的白水江国家级自然保护区，西北是被誉为"童话世界"的九寨沟风景区，西边是被称为"人间

白马藏人生活在依山傍水的优美环境中

瑶池"的黄龙风景区。白马路就在这些保护区的中央,而王朗国家级自然保护区本身就是白马路的一部分。雪山、草地、森林、湍流、峡谷、湖泊、珍禽异兽、奇花异木是这里常见的景色,白马藏族就生活在这环境优美、风景奇特的天然公园般的环境中。境内地形复杂,气温悬殊,群山起伏,连绵逶迤,峻岭险峰高耸入云,河谷深邃,森林密布,矿产、动植物资源极为丰富,素有"植物王国"和"动物王国"之称。主要优质树种有冷杉、云杉、红杉、桦树等。名贵花卉植物有芍药、黄莲、大叶杜鹃、紫花翠米苋、缺苞箭竹、金边兰、幽兰等。名贵食用菌类有菌灵芝、香菇、松茸、羊肚菌、牛肝菌等。野生中药材主要以当归、党参、杜仲、黄柏、天麻、虫草、贝母等较著名。野生哺乳动物中属国家一级兽类保护动物的有大熊猫、金丝猴、牛羚等,国家二级兽类保护动物有小熊猫、毛冠鹿、马麝、林麝、青羊、岩羊、水獭、金猫、猕猴、斑羚、短尾猴、云豹等,国家三级兽类保护动物有苏门羚、大灵猫、猞猁、兔狲等。良好的生态环境也为鸟类栖息的繁衍提供了有利条件。其中属国家一级保护的鸟类有金雕、玉带海雕、白尾海雕、胡兀鹫、斑尾榛鸡、雉鹑、中华秋沙鸭、绿尾虹雉、四川山鹧鸪等,国家二级保护鸟类有长耳鸮、短趾红腹角雉、蓝马鸡、红腹锦鸡、白腹锦鸡、藏马鸡、白冠长尾雉、长耳鸮、斑头鸺鹠等。

夺博河是平武白马藏族的母亲河

雪山、草地、森林、湍流、峡谷、湖泊、珍禽异兽、奇花异木是白马境内常见的景色

走进白马

栖息在白马境内的大熊猫

语言文字

白马藏族有自己的语言，语音与羌语相近，但没有自己的文字。有少量藏文行书手抄的藏族苯教卦书与经典保存于白马巫师家中，他们能读诵但多不解其意。白马地区目前通行汉文。

白马藏族人家门首悬挂的避邪经文

白马藏族有语言无文字

白马藏族巫师使用的藏文经书

族称演变

白马藏族的历史性他称有"番""西番""白马番"等,没有统一自称。平武白马藏族乡的白马藏族自称"夺朴尼",木座藏族乡的白马藏族自称"拿左尼",文县的白马藏族自称"俄瓦尼",九寨沟县的白马藏族自称"格若尼"。与汉族相对,白马藏族人自称"pey"(贝),意指所有少数民族,故"贝"也非本族特称。1951年,川北行署民族工作队将白马藏族划入藏族一支,为与平武虎牙、松潘的藏族区别,故称"白马藏族"。关于白马藏族的族源,半个多世纪以来,我国史学研究专家进行了深入研究,提出了以下三种说法。第一种说法认为白马藏族是曾经在这一地区广泛分布的氐族遗裔。关于氐族的族源存在多种不同的认识:有的认为氐与羌原来是一个民族,氐是羌人中的一支,大约到战国末期或汉代,才分化为两个民族;有的则认为氐族从来都是独立存在的民族。第二种说法认为白马藏族是羌族的后代。羌族是我国历史最悠久的民族。它曾经不仅是华夏族——汉族的主要组成部分之一,还是中国历史上第一个王朝——夏朝和许多地区的少数民族政权的缔造者。而且,东夷、南蛮、北狄中也有羌人的部分,现在的羌、藏、彝等十多个少数民族,也都是羌人的后裔。第三种说法则认为白马藏族是藏族的一个支系,是吐蕃王朝兴盛时期随松赞干布大军东征、留在边地的藏族军士的后裔。白马藏族却坚信其祖先是从大西北迁来的古代氐人,即史书记载的"白马氐"。

白马藏族姑娘(1)

白马藏族姑娘（2）

白马藏族老人（1）

白马藏族老人（2）

白马藏族儿童

历史沿革

　　平武历史悠久，文化灿烂。考古发掘证明，早在2万年以前的旧石器时代晚期，平武清漪江流域就有人类活动。在涪江上游的南坝、古城、阔达、白马等地均发现有新石器时代文化遗存，特别是在白马焦西岗古人类遗址内发现的石斧、锛、凿、镞和陶器壶、钵、罐，以及大量的红烧土表明，从远古开始就有人类在这里繁衍生息，他们创造了灿烂而丰富的民族文化。

早在2万年以前的旧石器时代晚期，平武白马地区就有了人类活动。图为白马焦西岗古人类遗址

先秦 平武为"氐羌地",是我国氐羌系民族的原始居住区域。

两汉 平武为刚氐道。汉王朝在氐族居住活动的地区设置了四个氐道。《汉书·地理志》记载了陇西郡的氐道(今甘肃清水县境),广汉郡的甸氐道(今甘肃文县西)、刚氐道(今四川平武县东)以及蜀郡的湔氐道(今四川松潘县西北)。汉代的制度,县"有蛮夷曰道"。氐道,即氐人聚居的县。由史书可见,刚氐道是平武县境内最早的县级行政机构,也是中央王朝对这一地区正式统治的开端。

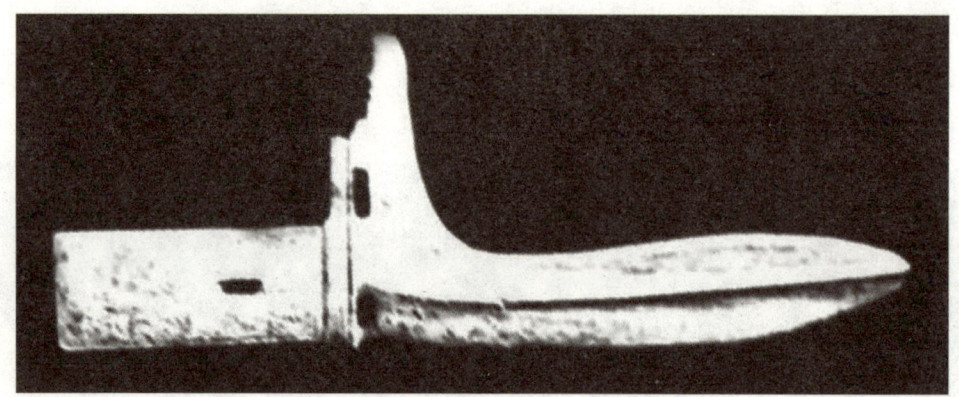

战国铜戈

江油关

概　述 | 017

刚氏道是平武县境内最早的县级行政机构，也是汉王朝对这一地区正式统治的开端。图为汉刚氏道遗址

三国　蜀汉后主建兴七年（229年），分刚氏道地新置广武县，并改刚氏道为刚氏县，治地不变。

西晋　太康元年（280年），三国归晋，天下统一。晋王朝改广武县为平武县，治地在今平武县的南坝镇，仍置刚氏县于今平武县古城镇。这是县境第一次以平武之名建县。平武仍为"氐羌地"。

南梁　平武为氐豪所据，仍为氐羌人聚居地。

南北朝　平武是氐羌人活动区域。

隋朝　平武为"龙州蛮"的聚居地。

唐朝　唐王朝在各少数民族和边远地区建立羁縻州制度，实行羁縻政策，将土司作为代理人，用"以蛮夷治蛮夷"的方式，统辖边远地区少数民族。羁縻州刺史的任命、升降、调换必须经过朝廷认可，可以世袭。唐初平武为羁縻州，属茂州，后相继改为平武郡、龙门郡、江油郡、应灵郡、龙州、龙州都督府等。

太康元年（280年）晋王朝在今平武县的南坝镇置平武县，这是县境第一次以平武之名建县。图为平武县、平武郡、龙门郡、江油郡、应灵郡、龙州故城旧址

宋朝 承唐旧制，平武仍为龙州。史书把涪江上游地区的氐羌人泛称为"龙州番"或"龙州蕃部"。南宋咸淳元年（1265年），朝廷授予龙州知州薛严世袭土知州之职，授予王行俭龙州长官司之职，薛、王土司皆成为龙州境内始祖，开始了"以土官治土民"的土司统治。朝廷规定：土司长官，必须定期朝觐纳贡，缴纳赋税和提供劳役；有征讨之事，必须应调从征，以示忠诚。土司

概　述　019

南宋咸淳元年（1265年），朝廷授予龙州知州薛严世袭土知州之职，授予王行俭龙州长官司之职，薛、王土司皆成为龙州境内始祖，开始了"以土官治土民"的土司统治。图为土司大印

拥有私人武装，设有自己的衙门、监狱，有掌管各种事务的吏员，土地和权力世代相袭，在其辖区内实际上是独一无二的土皇帝。

元朝　元朝取代金、宋统一全国后，仍推行"土官治土民"的土司制度，对"自唐至宋，世守兹土"的龙州土官，一概承认其原有的权力和地位，让其"世袭其官，世因其俗，世守其土"，掌握当地行政、司法、军事、财政大权，继续管理白马、木瓜、白草三寨番人。元顺帝至正元年（1341年），龙州土官获战功，朝廷升授龙州宣慰司（土司品级：宣慰司为上，宣抚司次之，安抚司又次之，长官司再次之）。至正十一年（1351年），升授龙州为元帅府。至正二十七年（1367年），改授龙州等处军民宣抚司。

明朝 土司制度进一步完善，明王朝在边远少数民族地区仍然采取安抚政策。朝廷在龙州先后设立了龙州宣抚司、龙州安抚司、龙州军民千户所、龙州军民指挥使司以统辖龙州境内的番人。明王朝设置的宣慰司、宣抚司、安抚司和长官司，为土司的专称。此外，也有土府、土州、土县。一般以宣慰司、宣抚司和土府为大，下辖安抚司、长官司以及土州、土县。土司又有文职和武职之分，宣慰使、宣抚使、安抚使、长官及土千百户之类为武职，掌军队；土知府、土知州、土知县、土同知、土通判、土推官、土县丞、土主簿等为文职，不掌武职。武职一般属各省都指挥使司和卫所管辖，文职一般归各省布政使司和府州管辖。嘉靖四十三年（1564年），龙州宣抚司宣抚使薛兆乾兴兵作乱，明王朝派兵征剿；嘉靖四十五年（1566年），叛乱平定，遂"改土归流"，改龙州宣抚司为龙安府。从此，平武境内的氐羌人在政治上丧失了相对独立权。

明龙州宣抚司故城旧址

明龙安府西城门（重建）

明龙安府城墙（重建）

走进白马

明龙州宣抚司土官佥事王玺、王鉴父子建造的明代古刹报恩寺

概 述 023

清朝 清朝完全承袭了明代的土司制度，继续实行"以蛮夷治蛮夷"的羁縻政策。清道光版《龙安府志》载："国朝顺治六年（1649年），王瑶首率番夷投诚，仍袭长官司之职，防御阳地隘、黄羊关等关，管辖白马路簇十八寨番夷。"又载："龙郡边界陕甘，番羌杂处。"平武地区仍为"氐羌地"，境内的氐羌系民族仍被称为"白马番"。

清龙安土长官司署（重建）

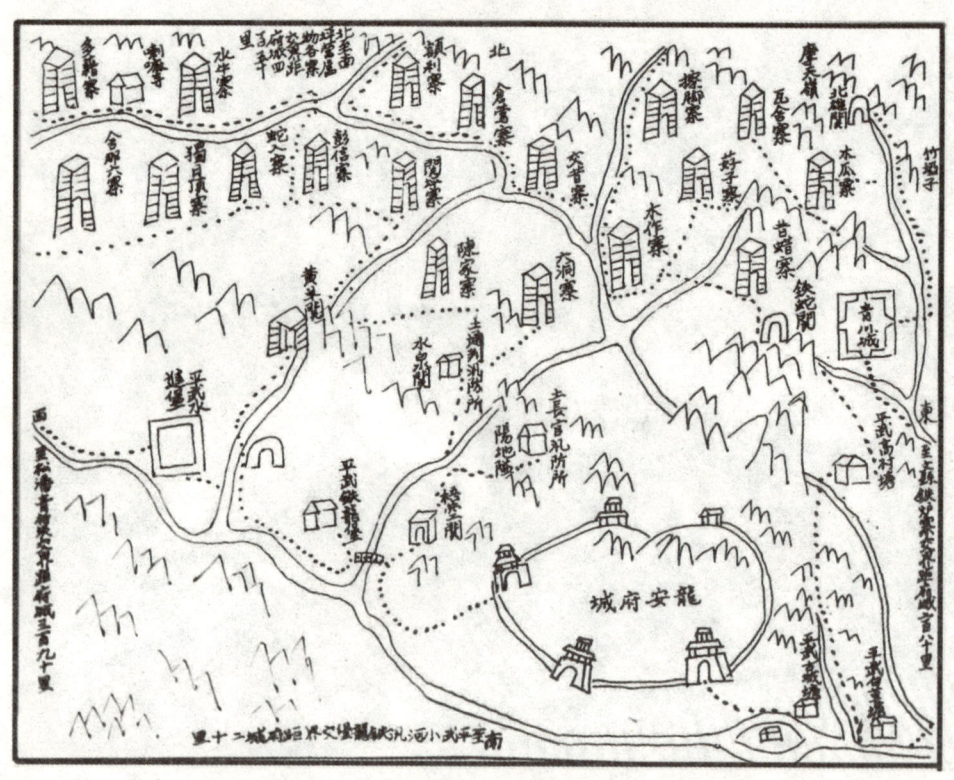

清道光版《龙安府志》中土长官司管辖的平武番寨图

清道光版《龙安府志》中的土知事管辖番寨图

乾隆四十二年（1777年）颁发的铜官印，文为"阳地隘口世袭抚彝长官司印"

土官遗物（圣旨、官印、朝珠）

中华民国 沿袭明清旧称，三土司领之。仍把王氏土长官司与王氏土通判世袭管辖的这部分氐羌系民族称之为"白马番"。平武土司极盛时到宣慰司，低谷时到长官司，历经升沉，可谓颇具代表性。

1951年出席川北行署协商委员会联席会议的平武白马藏族代表

中华人民共和国 1949年12月27日,平武县解放,平武白马藏族人民与其他各族人民一道开始了新生活。

1950年1月5日,平武县人民政府成立。

1950年6月23日,平武地区的世袭土长官司、土通判、土知事三大土司和白马番、木瓜番、白草番的番官、头人以及番民代表,出席了四川省川北行署在南充召开的川北区第一届人民代表大会。

1950年7月31日,建立了平武县藏族自治委员会。至此,历史上著名的"龙州三番"(即白马番、白草番、木瓜番),就被统一认定为藏族。

1951年9月25日,平武县藏族自治委员会改称平武藏族自治区人民政府。1955年1月5日,平武县藏族自治区人民政府调整成平武县三个区之一的藏区。1956年实行民主改革,从此废除了土司统治。1962年5月,平武藏族自治区人民政府又改为平武县藏区区公所,下辖三个人民公社。1981年开始对已被取消的民族乡恢复原貌。其后,国家陆续恢复了一些藏族乡和羌族乡。1999年,经四川省人民政府批准,平武成为享受少数民族地区待遇县。

1951年4月8日平武藏族自治区成立。图为全体代表合影

随着改革开放和社会主义市场经济体制的建立和完善,白马藏族地区的经济、文化、教育、卫生等事业取得了全面、迅速发展,人民生活水平不断提高。但其语言、服饰、信仰、生活习惯、婚丧礼仪等方面,仍相对完整地延续着古老而又丰富多彩的历史文化传统。

1965年10月10日毛泽东主席接见建国16周年少数民族参观团代表及少数民族青年学习参观团（其中有平武白马藏族代表）

社会政治

中华人民共和国成立前,白马藏族地区社会发展缓慢,尚有原始部落残余,主要表现在:一是柴山、草地、荒坡归全寨所有,家族土地分属各家;二是生产实行合伙耕种;三是平均分配;四是共同生产劳动;五是共同祭祀祖先。

民主改革前,白马藏族地区土司即是统治者,也是封建领主,土司统治的政治组织,实际上是由土司、番官和头人组成的管理系统。

明龙州宣抚司土官佥事王玺画像

土司 土司系汉人,由官府指派。

番官 番官由土司任命,管辖数寨,为白马地区社会的实际统治者,其主要职能有:负责辖区内的一切行政事务;催派款税;维护本地治安;抗御土匪侵扰;解决辖区内的地界、财产、婚姻、家庭等民间纠纷。番官多为世袭,无特别的官署和机构。

头人 头人有大小之分,小头人辖一寨,大头人辖两个寨子以上。头人多由本寨能言会道,且又有一定能力的人充任。头人的主要职能有:协助番官催收税款(上交土司);负责全寨日常公务;制定全寨规章制度;组织寨民生产劳动，调解寨内纠纷。头人不脱离生产，要参加集体生产劳动。

白马地区无成文法，无监狱，习惯法亦不系统。刑法较温和，最高刑为跪、吊、罚款，仲裁标准是习惯法观念制约下的番官、头人的个人意志。

白马地区以宗族制为基础，一寨由几个宗族组成，一个宗族不能分属数寨。生产资料归家庭所有，但尚有少量宗族公有土地、墓地、磨房等，有共同的祭祀活动。

背圈粪

初春运肥忙

走进白马

公用晒晾架

公有磨房

磨房里的歌声

合伙耕种

经济史略

历史上，白马藏族曾长期处于封闭落后的生产、生活环境，少与外界接触，男耕女织，靠天吃饭，世以农耕、狩猎、放牧为主。现今的白马藏族农村经济以农业生产为主，兼以多种经营以及少量牧业（如养牛羊）。1949年以前，农业生产相当落后，刀耕火种，广种薄收，生产水平极为低下。中华人民共和国成立后，在党和政府的关怀扶持下，农业生产条件有了明显改善，生产水平大有提高。粮食作物主要以玉米、甜荞、苦荞、洋芋为主，大麦、燕麦为辅。蔬菜类主要有大白菜、莲花白、萝卜、南瓜、豆角、海椒、葱、蒜以及雪山大白豆等。特别是莲花白和大白菜无污染，在省内外享有盛名。

荞麦是白马藏族赖以生存的主食之一

经济作物主要有兰花烟、火麻等。火麻秆高、麻长、易剥、产量高，籽可榨油，是白马藏族重要的经济作物。经济林木主要有苹果、核桃、花椒、漆树等。

牧业主要是家禽家畜，其地位仅

燕麦是白马藏族赖以生存的主食之一

次于农业。牲畜种类有牛、羊、猪、马、鸡等。畜产品是羊毛、羊皮及猪、羊、牛肉。耕牛牧放山中，只有耕地时牵回。过去猪为敞放，无单独圈舍，天黑时与羊、鸡等一起关在住房之底层。过去，羊是每家出一人轮流放牧，早晨七时左右将全寨的羊赶到草地，下午三时左右即赶回家。

副业生产主要以采药、取蜡、割漆、酿酒、织麻布、织花带、擀毡帽等为主。药材有大黄、虫草、贝母、羌活、独活、赤芍等；猎取动物多为野猪、黑熊、黄羊、獐子；白马藏族家家户户都养蜂，少则几箱，多则数十箱；喜欢自酿"蜂蜂酒""咂酒"，常以此招待客人。

白马藏族家家户户都养蜂，少则几箱，多则数十箱

进入21世纪之后，白马藏族于发现，水电和森林、青稞和牛羊，并非是他们的唯一资源。这里还有着博大精深的民族文化、古朴浓郁的民风民俗，以及神山圣水圣湖，这些才是他们拥有的稀世珍宝，是他们取之不尽、用之不竭的宝贵资源。

随着中国现代化的推进，白马地区已经向外界敞开了它的大门。为了努力发掘和认真保护白马藏族独特的民族文化，近年来中共平武县委、平武县人民政府已经把白马地区的民族文化旅游，作为未来的主要产业来规划、打造、发展。一个古老而又生气勃勃的白马，像早晨照在雪山顶上的朝阳，金光灿烂地呈现在世人面前。

白马藏族自古就有养羊的习惯

擀毡帽

风俗习惯

在长期的历史演变进程中，白马藏族世世代代始终劳动、生息、繁衍在这块土地上，他们在居住、劳作、饮食、服饰、婚姻、丧葬、节庆、宗教信仰等方面，都具有强烈的民族特色和独特的文化魅力，构成了一幅五彩缤纷、璀璨绚烂的民族风情画卷。

火塘、咂酒……他们的故事从这里一直伸延……

居住习俗

　　白马藏族多居住在高山峡谷之中，村寨周围树木茂密，大自然赋予了白马藏族丰富的建筑材料。与自然界相依为命的白马藏族逐步学会了因地制宜、就地取材，充分利用大自然的优越条件，建寨筑房。

　　白马藏族自古聚族而居，数十户为一山寨，白马藏族称之为"家"，如厄里家、祥述家、水牛家、色如家、扒昔家等。板屋土墙是白马藏族住房的一大特色。清道光版《龙安府志》载："番民所居房屋，四周筑土墙，高三丈，上竖小柱，覆以松木板。中分二、三层，下层开一门圈牛羊，中上住人，伏天则移居顶屋。"旧时，白马藏族建造住房，先竖木柱，然后用一根一根木料由低往高排成一堵墙壁。屋梁、房架不用铁钉，用山中老野葛藤捆牢，前面留门，以便进出。房顶无瓦，用木板（刀劈松木而成）或石板覆盖，以蔽风雨。墙壁

生活在涪江上游、夺博河畔的白马藏族

风俗习惯 | 039

多涂上一层泥巴,堵住缝隙。一般为两楼一底板房,下层关牲畜,中层住人,上层储物,以独木截成锯形的梯上下。中层主室为全家活动中心,正中为神柜,柜前尺许为火塘,无论冬夏,日夜燃火不熄,煮饭烹茶,都在这火塘上。晚上家人睡觉多在火塘四周,冬天则用羊皮或毛毡作被。青年夫妇另辟一室睡觉。主客交谈,都是围火塘而坐,靠神柜处属长者或尊贵客人的座位,普通人不得上坐。青少年则坐火塘下方,即神柜对面。室内无凳,男性盘脚坐,女性则跪坐。火塘上面钉一木板,中穿孔,内插箭竹或松明以作照明之用。火塘上方留有通烟之空隙(如四方漏斗形),室壁不开窗,光线极暗。除番官及大头人外,无床、无桌、无凳。富裕者有木柜,置左侧靠墙处,以储放衣物。三楼上有小屋二三间,其中靠北的小屋系祭祀室,凡家中有重病人,都要请"白莫"(巫师)作法,在此举行。祭神时,"白莫"肃立西方,口中念念有词,家人则面向"白莫"下跪祷告。其余房间则储放粮食、麦草。各寨

索古修寨

白马藏族旧民居(1)

白马藏族旧民居(2)

走进白马

折马藏族旧民居（3）

住房底层开一门圈牛羊

内都有公用的晒坝和数列粮架。

　　随着社会经济的不断发展，现在的白马藏族居住环境有了较大的改善，多数已改修成砖房瓦屋，但结构仍保留白马传统民居特色，仍是以宗族为单位居住在一起，形成连片的山寨，成为清一色的聚居区。

祥述家新寨

风俗习惯　041

白马藏族自古聚族而居，数十户为一山寨

白马藏族民居墙根处竖
的"泰山石敢当"避邪石刻

山寨门楼

白马藏族人家门首悬挂的
避邪经文

新房门窗装饰

堂屋为全家活动中心，正中为神柜，柜
前尺许为火塘，无论冬夏，日夜燃火不熄，
煮饭烹茶，都在这火塘上

木座老寨

风俗习惯 | 043

白马藏族因地制宜、就地取材，充分利用大自然的优越条件，建寨筑房。图为白马稿史脑寨

阿瓦舍寨

山寨初雪

走进白马

白马藏族旧民居（4）

白马藏族旧民居（5）

风俗习惯 | 045

漂白马藏族新民居

走进白马

风俗习惯 | 047

厄里寨

饮食习俗

由于受到社会发展水平、经济条件、地理环境等方面的影响和制约，白马藏族形成了别具特色的饮食习俗。白马藏族食品种类繁多，食源极广。

主食 过去以燕麦、荞子和洋芋为主。现在多食小麦、大米、玉米和洋芋。

副食 蔬菜主要有莲花白、萝卜、青菜等。有煮、炒、炖、腌等不同食法。喜欢吃菜面同煮的混合饭及火烧馍，特别爱吃洋芋糍粑、杂面、荞面条。杂面是燕麦面中加上玉米粉、黄豆粉，擀成面条或面块煮食，也有时把

莲花白

吃豆腐

杂面条

荞面条

冲糍粑

菜和面同煮。通常是煮洋芋下面条或烫酸菜调荞根子。荞根子的具体做法是：擀面者先将荞面粉搓揉成坨，然后盘腿坐在火塘边，托一块长方形小案板平放在大腿上，用擀面棒将面坨擀成面皮，再把面皮卷在擀面棒上，用刀顺着棒切开，取出棒，切成粗细均匀的面条，然后将面条下入沸水锅内，待煮熟后调些烫酸菜，即可食用。在白马藏区有"早搅团，午烧馍，晚上杂面跑不脱"的说法。

肉食 主要食用牛、羊、猪、鸡肉。食法以水煮和腌制较普遍。尤其喜欢吃炖羊肉，在白马地区流传着"金汤银汤不如羊汤"的说法。

酒 白马藏族生活的地方大都是高寒林区，气候阴冷潮湿，他们一年四季都要喝酒驱寒。天长日久，形成了人人喝酒、家家酿酒的传统习俗。

白马藏族特别喜欢饮自己酿造的咂酒、青稞酒、蜂蜜酒，有"无酒不成礼"的习俗。因此，酒是他们待客议

散发着绿色清香的美味佳肴

走进白马

酿酒

饮咂酒

事、婚丧嫁娶、修房造屋、求神送鬼等一切活动，以及日常生活中的必需品。有诗云："万石杂粮一瓮收，王侯到此也低头。五龙拖住擎天柱，咂进黄河水倒流。"道出了白马藏族畅饮咂酒那妙不可言的情态。

茶 白马藏族习饮淡茶，喜好汉区素茶，不饮砖茶。

烟 白马藏族男女普遍都吸当地自产的兰花烟和叶子烟。烟叶多选肥沃土地种植，二月下种，五月分秧，七月收获，收割后把烟叶晒干扎成小把备用。吸时将烟叶放在掌心，搓成细末，装入烟斗。

白马藏族喜瞪寺花烟

酒在白马藏族的生活中占有重要位置

白马咂酒

吸烟

家庭习俗

白马藏族家庭男女分工严格。家长有绝对的权威,家里的大小事都由家长裁夺。过去男性不管家务,但要做帽子,打草鞋,帮助切肉。妇女做饭、洗碗。男子犁地,妇女负责生产管理。

白马藏族妇女十分勤劳,既要管理生产,又要做饭、织布,一有空就捻毛线,她们常常背上背着东西,手上还在不停地捻。

媳妇在家中地位较低,掌勺之权多数在婆婆手中。就餐时,由当家妇女先男后女一一盛送。原则上不分家,父母子媳同屋处。过去几乎没有四世同堂的大家庭,中华人民共和国成立后,老人寿命延长,儿童死亡率降低,出现了一些四世同堂的大型家庭。

白马藏族称谓明确,称祖父为"昂呢"、祖母为"阿依"、父亲为"阿巴"、母亲为"阿妈"、丈夫为

白马藏族特别尊老爱幼

幸福的白马藏族人家

老伴

"达卜"、妻子为"卜咋"、哥哥为"阿咋"、弟弟为"佰牙"、儿子为"簸"、女儿为"波"、姨娘为"阿卧"、叔伯为"阿背"。

白马藏族特别尊老爱幼。父母有抚育孩子的义务,孩子对父母有赡养的义务。他们习惯由儿子负责赡养老人,女儿没有明确的赡养任务。

白马藏族的家庭财产多由儿子继承,女儿没有继承权。但母亲去世后,会把珍贵的饰品,如鱼骨牌、珠、贝、耳环、戒指、手镯、新腰带等分给女儿。

白马藏族人家

婚姻习俗

婚姻 清道光版《龙安府志》载白马藏族婚俗："番人嫁娶，男家请媒往女家求说。允则受其布、肉为定。男家请番僧择吉接取请客，女家父母兄弟携女同来。男家宰杀大小猪只，备咂酒，聚两家至戚欢饮一二日而散，女随父母归。俟二三年请酒如前，女留住。有孕则解细辫，去衣饰而呼为妇人，生男教以习射，生女教以绩麻织布。"

白马藏族的婚姻历来奉行一夫一妻制，即使是在中华人民共和国立以前，白马藏族世家大族中也没有一夫多妻的现象。

隆重的婚礼仪式

白马藏族婚礼之化妆

白马藏族婚礼之哭嫁（1）

白马藏族婚礼之哭嫁（2）

白马藏族婚礼之闹新人

白马藏族同姓不婚，认为同姓人是兄弟姐妹，不能发生性关系，更不能通婚；如果同性人发生了性关系或通婚，会被认为是大逆不道，是乱伦，必遭惩罚。

过去，白马藏族婚姻习俗最特殊的是"认配不认辈"。由于择偶只在本民族内，尤其以本寨为主，择偶范围有限，因此，无法严格按辈分择偶。

白马藏族自古以来就有不与外族通婚之习，实行严格的族内婚，若通婚，定会受到族人的谴责。

过去，白马藏族婚姻没有自主权，多由父母包办。无论是男到女家，还是女到男家，婚事一旦订下，男方须向女方家连送三年彩礼，并帮忙干活。青年男女结婚经历订婚、迎亲、婚宴等程序。

订婚多由亲属的嬢嬢、姊妹等女性做中间人，带一坛酒，去女方家提亲。如女方父母收下提亲酒，表示同意，如对方将酒退回，则婚事告吹。送了提亲酒后，次年的正月初二或初三，男方在亲朋族友的陪同下，带上礼品和腊肉到女方家送礼。若顺利，第二年或第三年便可结婚。在此期间，若女方家赖婚或提出退婚，则加倍退还礼金，以示处罚。

白马藏族婚礼，留存一段久远的风情

白马藏族婚礼之迎亲路上

走进白马

白马藏族婚礼之长辈为新郎敬酒

白马藏族婚礼之为新娘敬酒

白马藏族婚礼之新娘抛撒五谷,祝愿五谷丰登

走进白马

欢天喜地迎新人

隆重的婚礼

迎亲 女儿出嫁,娘家要准备好女儿的嫁妆,嫁妆视其家庭经济情况而定,富裕的家庭要多些,贫困家庭则少些,嫁妆的多少男方也不在乎。迎亲前,男方家还要给女方家一些聘礼,如肉、酒、米、衣物、现金等。迎送亲的良辰吉日,则由"白莫"或双方老人协商而定,活动时间多为两天。第一天男方到女方家迎亲,第二天是女方到男方家送亲。不论是迎亲的男方还是送亲的女方,都有各自的迎送队伍。每队20人左右,必须男女各半,意为男女的结合成双成对。

良辰吉日确定之后，迎亲的人们抬着礼品及面饼，沿途将面饼分给小孩，向新郎和迎亲队伍则撒泥土或牛粪，并高呼"迎亲的来了！打呀！打呀！"以示庆贺。进寨后，新娘娘家的族人举家迎接迎亲队伍，然后且歌且舞、开怀畅饮，直至深夜。第二天是送亲的日子。清晨，新郎新娘在送亲队伍的护送下出发，新娘一边走一边向身后抛撒五谷杂粮，祈愿粮丰畜旺、一生平安。新娘到夫家后，等候多时的亲朋族友立即向新郎新娘和送亲队伍敬酒，并将他们迎至火塘边。新郎首先向长辈脱帽敬酒，敬酒时，新郎先喝一口再呈上，然后，长辈为新郎新娘祝福。接

长辈为新郎披红祝福

小姑娘逗新郎

走进白马

欢乐的传统活动"筛糠"

着，"白莫"开始念经敬神，新郎新娘双双跪于"白莫"之前，"白莫"把牛油或羊油沾在二人头部及两肩上，并颂念祝词，随即又将敬神的青稞、荞麦、燕麦撒向神位和新郎新娘，然后再撒向亲友族友，以示祝福。

婚宴 婚礼仪式结束后，主人开始大宴宾客，酬谢来宾。

最热闹的还是晚上，夜幕刚刚降临，寨子的院坝中央早已燃起熊熊的篝火，全寨男女老少和来宾与新郎新娘一起围着篝火，载歌载舞，喜笑颜开。一直闹到深夜，近邻族友们才恋恋不舍地离开新郎家。

婚礼仪式结束后，主人开始大宴宾客，酬谢来宾

新郎新娘婚后多与父母分居，另立门户，组成一夫一妻制小家庭。一经出嫁，新娘必须严守妇道，如有犯奸，定受惩处，或被全寨人歧视。

白马藏族的婚姻很注意双方感情的融合，婚后一般不离婚。在白马藏族的观念中，离婚是一种不幸，是命苦的体现，也是不幸的开头。所以，白马藏族离婚率相当低，有些寨子几十年或者上百年来从未有过离婚者。

婚宴上，新郎新娘为亲朋族友敬酒

白马藏族婚后若男方死亡，女方守孝三年后可以再婚，但不能继承前夫的财产和带走孩子。在白马藏族中也有童养媳和上门招赘的遗风。

白马藏族的婚礼，不论俭丰，族人们都不会计较。富裕人家都要杀猪、宰牛、杀鸡、宰羊，有的要热闹几天几夜，贫困人家则从简办理，人们也不因为办得简单而怕人家看不起，大家心里有数，只要热闹就行了。

随着社会文明的进步，这种遗风古俗逐渐改变。现在白马藏族男女青年在婚前有比较广泛的社交自由，可以自己择偶。男女青年结合，多由集会、歌舞，通过抢帽子、赠腰带等确立恋爱关系。近年来，也有个别白马藏族与外族通婚的现象，其婚姻观念已大大地改变。婚礼也比过去大为从简，但仍保留着上述程序中的某些传统习俗。

婚宴上，新郎新娘为亲朋族友敬烟

白马藏族婚礼之迎亲路上

新郎新娘

命名习俗

现在白马藏族一般拥有三个名字。第一个是出生时父母起的名字。中华人民共和国成立前,白马地区医疗条件特别差,婴儿出生后死亡率高,为了孩子能够很好地生存下来,出于迷信有些父母就给孩子起一些贱名,如"启年纽"(狗娃子)、"扒年纽"(猪娃子)、"打年纽"(马娃子)等,他们认为这些"下贱"的动物容易养活。也有的父母则根据孩子的长相、胖瘦、性格等特征取名,类似汉族的小名。

第二个为白马语名,多请"白莫"起名。男娃爱带"才理"(意长寿)、"珠"(意龙)、"休"(意吉祥)、"他"(意塔)等。女娃爱带"早"(意海子)、"波"(意女),如尼嘎才理、尼马他、尤珠、益当早、色折波等。无论是父母起的名,还是"白莫"起的名,都不分姓和名。

第三个姓名则是汉名,即学名,其多数姓名与汉族相同。白马藏族绝大部分都有姓,主要有杨、田、王、余、张、曹、班、李、刘等,以杨姓居多。

白马藏族儿童

婆孙俩

丧葬习俗

白马藏族的丧葬非常注重礼节、提倡孝道，他们认为，死人的后事处理不当，将会给家庭和子孙带来灾祸。因此，他们把办理丧事视为人生当中的很重要的事件。白马藏族民间丧葬形式有土葬、火葬、水葬三种。

土葬 土葬又称土坑葬。有两种形式：一种是仰身直肢葬；一种是屈肢葬，又叫蹲式葬。过去，白马藏族死后绝大部分采用屈肢葬。人死后，立即换上新衣，用绳曲捆双膝，并使头曲至膝间，似胎儿状（据说生死样子相同，方可升天）。将尸体捆好后，放置于屋内门后左角的木桌上，面向西方（日落归西，人也随太阳而行）供上饭菜，点松明或油灯，以示祭悼。同寨族人闻讯后，每人带上一碗饭菜，前往死者家哀悼。子女们脱帽跪地，双手捧脸，叩头七下，然后唱丧葬歌，以示哀悼。有钱者则请"白莫"念《阴阳经》驱邪送魂。

白马藏族人葬俗之土葬

出殡时，两人执火把领头，一人捧装满祭食的蜂槽，死者之子背尸，若无亲子者，则由其他亲属代替。后为执引魂幡者多人，孝子亲友一路悲恸大哭。妇人中途而返，其余送葬者一直送至坟地。

走进白马

白马藏族人葬俗之屈肢葬

坟墓四周插有五颜六色的布幡，幡上印有"咒语"

入葬时，将尸体放入事先做好的木柜内，腿略屈，面西侧卧，做睡觉状，然后将柜放入预先挖好的土坑内，并把死者衣物和生前所喜爱的东西放于周围（铁器忌入）。若是妇人入葬，则于坟边树上挂一套制麻工具，接着封土垒石成坟。

坟墓垒好后，又于坟墓四周插上五颜六色的布幡。幡上印有"咒语"，意思是：你不要再回家了，有幡旗给你开路，快到天堂去吧！坟上幡旗插法男女有别，男九根，女七根。男坟左右各插三根，后面插两根，前面插一黑旗。女坟左右各插三根，后面只插一根。墓前均放置一个蜂槽，槽内盛满五谷杂粮和酒肉等食物。

葬毕回家，要在烧红的石头上浇人尿以熏气除邪。最后杀猪宰羊，宴请"白莫"和全寨亲友。

火葬 由于白马藏族多居住在海拔2000米左右的高寒地区，冬春两季，地冻难掘，尸体不腐，故采用火葬。火葬具体时间是冬月至次年的三月。过去，每个寨子有专门的焚尸场，由死者亲子将捆成屈肢的死者尸体侧身背至场地，放在事先架好的木柴堆上，解下腰带和外衣，面向西方，然后盖上死者脱下来的外衣，放上死者生前喜爱的物品。接着点火焚尸，"白莫"开始念经，亲属哭悼。在焚尸的过程中，若火烟冲天直上，则喻灵魂已升天，视为吉利；如果火烟乱窜，则喻灵魂还在人间，视为不吉，家人则请"白莫"念经送魂升天。尸体焚毕，将骨灰集中，周围用青石垒成空心坟堆，面上覆盖木板，男九块，女七块，板上再压上石头和放置一盛满食品的蜂槽。就地安葬完毕后，坟上幡旗的插法同土葬。

水葬 白马藏族对凡未满周岁的夭折婴儿实行水葬。婴儿死后，家人立即将尸体装入蜂槽或背篼丢进河里，随水漂走。他们认为，未成年的婴儿死了属短命鬼，不能与一般的鬼魂为伍，应随流水远遁，可抛去灾难。少年死亡，实行土葬，但不埋于宗族共用的坟地。

白马藏族的长辈死后，丧期长短不一，以不犯讳为准，多则一月，少则三天。孝子不戴帽，穿素衣。多请"白莫"念经驱邪。丧家杀猪、宰羊宴请全寨族友，以示哀悼。

中华人民共和国成立以后，火葬多改为土葬，水葬早已绝迹，丧事从简。

白马藏族人葬俗之火葬

服饰习俗

白马藏族服饰是承载民族文化的重要载体，也是白马藏族区别于其他民族的重要特点。白马藏族穿自织本色麻布长衫，四季着装不一。

男子服饰像其粗犷豪放的性格一样，朴实自然。男子多穿长衫，名"出纳"，对中缝开襟，穿上后将两前襟操拢，腰间再系一根红色麻布带和一根嵌有长方形铜牌的皮带。衣衫多为白色和青绛色，边幅与衣领有花饰；夏季多穿布料长衫，冬季多穿毡子夹衫，外套一件羊皮褂；通常脚穿布鞋或牛皮鞋，极富民族风格。

妇女服饰较之男服保留着更多的本民族风格，既绚丽多彩又艳丽多姿。她们所穿长衫叫"祥马"。上部与男衫相同，而领、肩、袖均由各色花布搭配拼接，并绣有花草鱼虫等图案。下部为裙，前面两幅直下略撒开，后面叠为"白

白马藏族服饰

白马藏族男装

白马藏族老妇人传统服饰　　　　白马藏族女装

褶裙",边缘花饰做工精细。妇女胸前多佩一串鱼骨牌,腰系用羊毛编制而成的花腰带,并佩小铜钱数匝,据说有"腰缠万贯"的象征和寓意,另系花边围腰。妇女多穿两件不同的衣裙,故脚边呈露出重重百褶花边,显得格外富丽美观。冬天,妇女外套一件棉褂,褂的背面饰以四斜花纹图案,繁密精细,富于变化。

男女小腿皆围以毡子或麻布制成的裹腿。夏天脚多穿麻柳树皮织成的草鞋,冬天用毡包脚,穿火麻织的鞋,或穿用牛皮或盘羊皮制成的长统靴,俗称"轱辘鞋"。妇女鞋子,也有自己做的绣花布鞋。

白马藏族四季着装各异,不论男女老幼,均以白色为基调。其头饰、发饰、耳饰、服饰、胸饰、腰饰、脚饰和谐统一,形成了独特的风格,给人以古朴艳丽的美感。同时,体现了白马藏族人追求美好幸福生活的精神风貌,也表现了白马藏族人民朴实、潇洒的内在美。

白马藏族妇女冬天喜欢套一件棉褂,褂的背面绣以精美四斜花纹图案

白马藏族过去使用的火镰

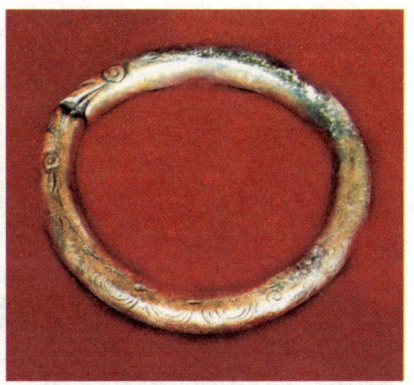
白马藏族戴的手镯

白马藏族妇女腰间缠绕的花腰带与铜钱腰带

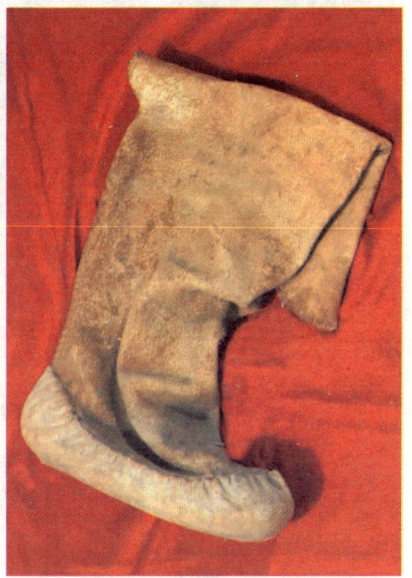
白马藏族自制男皮鞋

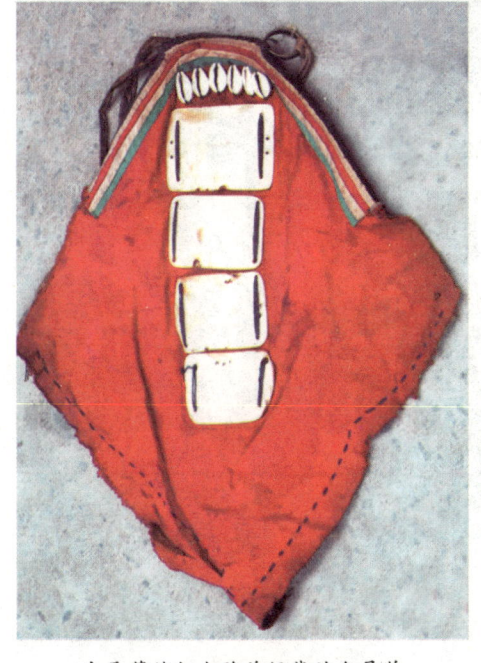
白马藏族妇女胸前佩戴的鱼骨牌

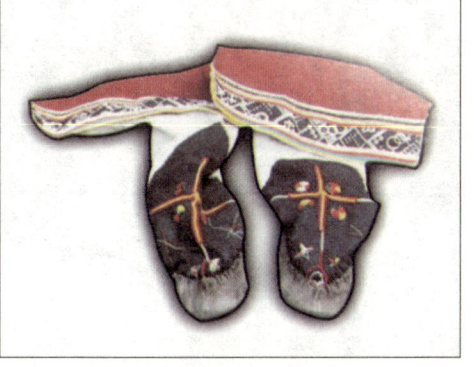
白马藏族女子绣花鞋

走进白马

白马藏族妇女装束

白马藏族妇女多穿两件不同的衣裙,脚边露出重重百褶花边

白马藏族妇女腰间以铜钱连缀成鱼鳞状，这种装饰是古代氐族"人面鱼身"图腾的遗存

白马藏族男子的绑腿

白马藏族男子的绣花荷包

白马藏族男子多穿自织麻布长衫

头饰习俗

　　白马藏族的头饰格外别致。不论男女老幼，他们一年四季头上都戴一顶自制的盘形圆顶荷叶边纯白羊毛毡帽，这种毡帽白马藏族称为"沙尕帽"。帽檐四周缠蓝、红、黑色丝带，并环之以串珠小铜铃，帽顶还插有白色雄鸡尾羽，微风吹来，帽羽左右飘动，格外引人注目。

　　关于插鸡羽的由来，在白马藏族中说法较多。第一种说法是，白公鸡拯救了白马藏民族，为感激公鸡救命之恩，白马藏族就在毡帽上插上鸡羽以作纪念；第二种说法是，白马藏族在与异族交战中，因战败而逃亡，为彼此相寻，把头插白色鸡羽作为一种寻找亲人的暗号标志；还有一种说法是，头戴白色鸡羽帽，身佩闪闪发光的鱼骨牌，据说可以辟邪镇怪。

　　今天，爱美的白马藏族把鸡羽作为一种装饰。男子头戴鸡羽帽表示勇敢、刚直，女子在毡帽上插一至数根鸡羽表示纯洁、温柔。白鸡羽随风飘曳，与白马藏族艳丽的服饰互相映衬，形成了白马藏族服饰独特的和谐之美。

九寨沟县白马藏族妇女头饰

白马藏族男子头戴"沙尕帽"

白马藏族女子都编发辫,特别是成年妇女的发饰最具有代表性。过去,成年妇女把头发梳成十根小辫后,再加黑色羊毛总成一大辫拖于身后,长可及脚,加上海螺等饰物重量可达两公斤以上。两耳戴骨质耳环或银制耳坠,手腕戴双副或单副手圈,无名指戴一两枚戒指,既端庄古朴又美丽大方。过去的男子头发剃去四周,头顶梳一小辫,左耳带环。

未婚女子与已婚妇女在服装、发饰上差异不大。其海贝、鱼骨、海螺等饰物,均系外来品,颇为珍贵。

白马藏族儿童头饰

白马藏族老妇人头饰

白马藏族女子头饰(1)

头插白羽毛是平武白马藏族姑娘的特色

白马藏族女子头饰（2）

医药习俗

曾经,白马地区麻风病、地甲病、大骨节、头癣等疾病长期蔓延,还有天花、霍乱、流脑、白喉、伤寒、疟疾等传染病也猖獗流行。农村缺医少药,人们生了病得不到及时治疗,民间流传着"小病拖,大病延,死了就往坡上抬"的说法。

在长期的生产和生活实践中,白马藏族因地制宜,民间多采用中草药治病,有的则采用刮痧、烧麝(艾)火、滚蛋祛风、烧背、提筋、火灸、挑羊毛丁、拔火罐、针刺放痧等传统医疗技术治病。

民间医药常用当地盛产的麝香、熊胆以及鸦片等作"万能药",以医治各种疼痛和疑难杂症;用艾蒿叶熬水治疗小孩肚痛;用当地所产的贝母止咳;用本地山中所产的大黄清热、止痢、通大便;用麝香医治牙痛;用牙

20世纪70年代的白马藏族赤脚医生

皂、细辛、石菖蒲、丁香、藿香等中药材自制一种鼻吸药粉,以治疗轻度伤风感冒;用烤脆羌活捣成细面热水送服,医治重感冒患者;活吞"羌活鱼"以治疗胃病;口服自制的"冷水药"治疗产妇病痛。另外,还有一种名叫"打老牛"的传统疗法,用以治疗疑难杂病。

若得了伤寒感冒等,则让患者坐在火塘边,使其烤火发汗,接着在患者的背心、手腕内侧等处抹上一层菜油,然后用一枚铜钱沾油反复地刮,直到皮肤

发红出血为止。据说采用这种刮痧疗法，病情会好转。有时还继续让患者睡于床上，用多床被褥覆盖，让其再次出一身大汗。

若遇突然头昏目眩或肠胃疼痛不止时，他们就会立即将患者的十指头用力捏拢，然后用针刺破指头，放出几滴鲜血，这样患者病情将不会加重。

白马藏族的小孩最怕染上麻疹、天花等传染病，若生此类病，无医药治疗，家人多用干净棕叶扫帚在其身上扫上几下，寓意扫除病魔，然后将其隔离。

若以上这些医治方法全无效果，他们则认为是得罪了神或鬼邪缠身，患者或家人就得请"白莫"念经，捉鬼驱邪。

中华人民共和国成立以后，在党和人民政府的关怀下，民族地区的医疗卫生事业有了很大的发展。各白马藏族乡建立了乡人民医院，所有村寨也办起了农村合作医疗站，并培养了大批的医生、卫生员和接生员。

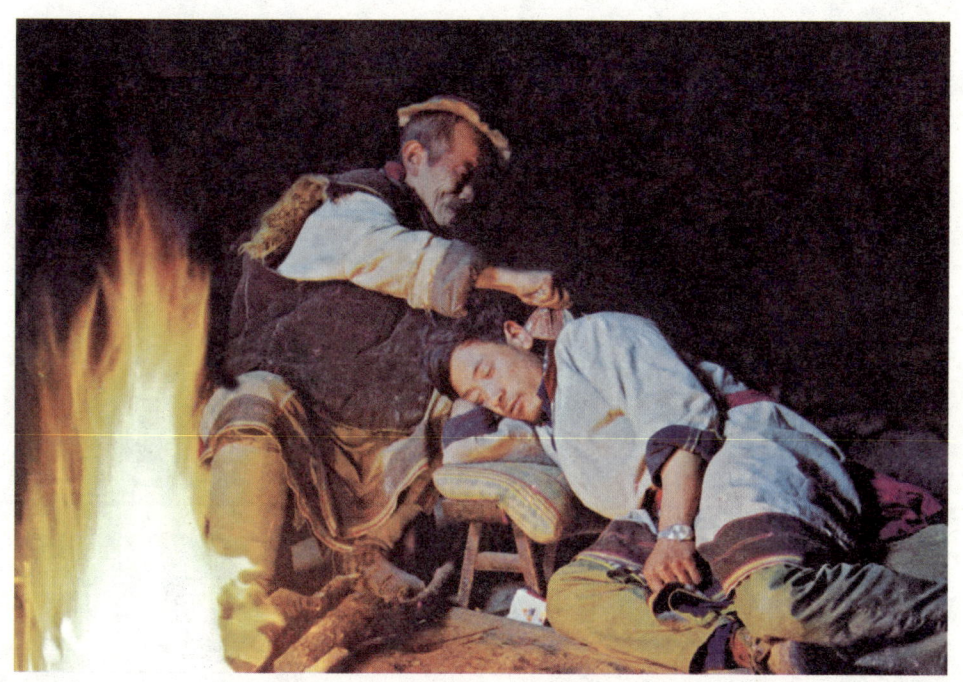

"白莫"在火塘旁边为患者"念经治病"

礼节习俗

　　白马藏族特别重感情，纷繁多样的礼仪是他们深情厚谊的表达形式，同时他们也渴望外来客人尊重他们的礼仪习俗。

　　白马藏族非常讲礼仪。家人围火塘就座，须严格按照长幼次序、男左女右的传统规矩，男性盘腿坐左侧，女性跪坐右侧，小孩坐外侧。就餐时，由当家妇女先男后女再小孩依次盛饭。客人来临，亲朋相聚，都会把火塘靠近神柜处让给最尊敬的长辈或客人入座。当客人在兽皮褥子上盘膝坐定后，主人马上就会让客人品尝风味独特的青稞砸酒。

　　白马藏族非常好客。过去，凡白马藏族人家来了客人，他们都会被认为是全寨的客人，往往几家轮流邀请吃饭。平时还有相互请客的习惯，任何一家杀猪宰牛，都要请寨内每家来一人共餐。凡客人到家，必在力所能及的范围内，给客人安排最好的食宿，尤其对客人中的长者和新客特别热情。客人

寨门迎宾

来访，主人必须出门迎接，待客人坐定后，主人立即献上青稞咂酒。当酒快要被啜干时，主人便会添些热开水，直至清淡方止，以示对客人的尊重。

尊老爱幼是白马藏族的传统美德。白马藏族儿童从小受到尊老爱幼的教育，小辈见了老辈都会主动打招呼、问候、让路、让座、端茶递烟。白马藏族爱说："山有高低，人有大小。"凡不尊重长辈、见人不理不睬，或者孤高自傲的人，则会被族人视为没有教养，会受到社会舆论的谴责。在老人面前不跷二郎腿，不说脏话，不从老人面前跨来跨去，有好吃的东西首先要让老人吃……白马藏族地区很少有老人独居的现象。

白马藏族非常讲礼仪。家人围火塘就座，须严格按照长幼次序、男左女右的传统规矩，男性盘腿坐左侧，女性跪坐右侧，小孩坐外侧。就餐时，由当家妇女先男后女再小孩依次盛饭

白马藏族特别重感情，纷繁多样的礼仪是他们深情厚谊的表达形式

白马藏族非常讲礼貌。无论是婚丧嫁娶、岁时节庆，还是迎送宾客等饮酒场合都很注重礼节。饮酒时，多由一男性长者念诵一段传统祝酒词，诵毕始饮酒。接着第一杯酒首先敬在座中最尊者，然后依座次敬酒。敬酒时，都会逐一向受敬者唱敬酒歌，并伴随下跪及摆动酒杯等动作以示敬意。唱毕，敬酒者将酒杯双手递上，请受敬者饮之。酒歌内容多是表达对客人、朋友的欢迎和美好祝愿。敬酒程序结束之后，同辈之间方能互相敬酒。在座者无论平日有何芥蒂，均不能此时利用歌唱进行攻讦嘲讽，否则会被认为失礼而受谴责甚至惩罚。

好客的白马藏族

  白马藏族非常讲礼貌，敬酒时，都会逐一向受敬者唱酒歌。唱毕，敬酒者将酒杯双手递上，请受敬者饮之

风俗习惯 | 085

无论是婚丧嫁娶、岁时节庆,还是迎送宾客等饮酒场合,白马藏族都很注重礼节

山寨迎游客

好客的白马藏族

寨门迎宾

年节习俗

白马藏族在长期与多变的自然气候的周旋之中,历经磨难,形成了乐观向上的性格,他们不断地用节庆、歌声与舞步来庆祝自己的胜利。他们的传统节庆,从冬到春,从夏到秋,就像项链上的珍珠一样,一个接着一个,神奇精彩,引人入胜。

春节 春节对于白马藏族来说是一次盛会,亦是一种精神上的溯源,欢乐弥漫整个山寨,锣鼓声、鞭炮声响彻山谷。从大年三十至正月十五,几乎每天都有特定的礼仪活动。一是按照本民族独特的祭祀方式,进行各种形式的祭祀;二是烹制各种本民族的风味特色美食,供前来聚会的亲朋族友品尝;三是举办各类富有民族特色的文化娱乐活动。民间歌舞活动在春节期间也最为密集,婚礼亦多在春节前后举行。

白马王朗风情节

购年货

大年三十 全家聚集一起祭祀白马众神,然后吃团年饭。夜晚,家人围坐火塘,通宵喝酒、唱歌、跳舞,老年人唱起祖辈传下来的酒歌,欢乐的笑语四处响起。

正月初一 每当凌晨鸡叫头遍时,寨内鸣枪三响,各家各户于门前点燃一堆柴火祭神,然后再去河边抢"新水"。他们认为,这时候的水是最神圣、洁净,谁能得到第一桶水,谁家在这一年里运气就会特别好。"新水"背回家后,家人立刻舀水泼向四方,以示请祖先先尝"新水",接着用"新水"洗脸,又将"新水"烧开后泡茶或兑酒而饮,以求来年祛病增福、健康吉祥。传说狗有恩于白马藏族,所以在早饭之前每家每户都要

正月初一背"新水"

敬狗，以感谢狗对白马藏族的救命之恩。

正月初三 人们都会来到院坝的粮架前，点燃香火，祈求神灵保佑粮食丰收，架杆不倒。

正月初五 家人请"白莫"念经，祈求当年禾丰畜旺，人吉家安。

正月初六 各个寨子在山前山后举行跳"曹盖"活动。然后，寨民手执火把，在"白莫"的带领下，绕各户房屋一周，驱邪逐鬼。

正月初八 各寨举行生产祭祀活动，祈求神灵保佑来年风调雨顺，五谷丰登。

每年正月初六，白马藏族都要在寨前寨后、河谷间举行驱赶鬼邪活动，以祈佑全寨吉祥平安

正月十五 民间称"过大年"，人们汇集于寨前院坝之中，点燃篝火，欢跳圆圆舞和十二相，热闹非凡。

二月初二 即将破土春耕，这一日，各家各户都要牵牛试耕，同时要将火塘内的柴灰取出，撒在屋前屋后的墙上和地边的树枝上，意为驱虫辟邪。这一天，还要请"白莫"念经，杀羊祭山神。

三月十五 每年这一天，白马藏族都要举办山寨歌会。人们身着绚丽的民族服装，聚寨而集。歌会上除了表演传统的山歌对唱、猫猫舞、大刀舞、圆圆舞、丰收舞等歌舞外，还有表演跳曹盖，举行

每年三月十五，木座寨都要举办山寨歌会

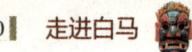

体育竞技等活动。夜幕降临，明月当空，在寨中空旷的院坝中垒起干柴，点燃篝火，人们手拉着手，狂歌狂舞，酒酣情至，彻夜不眠。

四月二十四 这天，各寨举行敬山神活动，人们在本寨山顶捆扎草丛，手持刀、矛、弓箭，以示守卫，祈保来年粮丰畜旺、人吉家安。

五月初五 这一天不得下地劳动，否则庄稼要遭虫吃。每家扎柳条放在门上，人们头、腰、腿上亦插柳枝，有消除病痛之说。

七月十五 家家户户杀猪宰羊，集体祭祀白马土祖。祭毕，寨中点燃篝火，男女老幼围火而就，载歌载舞，通宵达旦。

十月十五 庄稼脱粒储藏完毕，一年农事告终而进入农闲时期，于是全寨举行祭神庆祝活动，寨中男女老幼载歌载舞，开怀畅饮，以表达喜庆丰收，团结祥和的美好心情。

以上节日基本上都是祭祀节日，有的节日习俗受汉族影响，但节日内容独具风格。

白马王朗雪山彩林节

风俗习惯 | 091

第一届白马王朗风情节

第二届白马王朗风情节

二月二祭山会

欢腾的白马山寨

宗教信仰

　　白马藏族的先民生活在处于封闭状态的深山峡谷里。他们不理解自己周围这个奇怪的世界，眼前一切都充满了神秘色彩。他们对山水异形、日月星辰变幻、风雪雷电与天灾人祸，普遍不能理解其原因。对生命与欢乐的珍惜，对死亡的恐惧和厌恶，令他们因希望而创造出灵魂这一观念。恶劣的气候环境频繁地给他们带来灾难。对这些灾难为何频繁降临，他们始终找不到答案。因此，他们不得不借助神灵崇拜来解释那些自然现象，并用自己创造出来的形形色色的宗教仪式来安慰自己躁动难平的心灵。白马藏族原始宗教信仰的主要形式有自然崇拜、祖先崇拜、鬼魂崇拜、动植物崇拜、猎神崇拜、白莫崇拜等。

白马藏族每年农历四月十八、农历七月十五和农历十月十五都要对"叶西纳蒙"总山神进行祭祀

自然崇拜

白马藏族的自然崇拜就是对自然力和自然物的崇拜。他们认为举凡天、地、日、月、山、水、石头、火塘、土坎、道路、沟壑等自然物以及花草、树木、虫、鱼等动植物都具有神力,可加害于人,也可赐福于人。因此,必须崇拜并加以祭祀,以求其赐福。

山神 白马藏族特别崇敬山神。他们认为每一寨之后山都有神,神居山林中,神山上的树木为神树,任何人不得砍伐。他们认为一切天灾人祸、人间祸福、生老病死都与山神有关,都要向山神祈福、还愿。山神中,最有名的是"叶西纳蒙"(汉族又叫其为白马老爷),为诸神之冠。"纳蒙"是"黑天神"之意。传说"叶西纳蒙"是从东方"暗以陇"(甘肃)来的,他的配偶是叫"霞古若淖曼"的女神。白马藏族崇拜的山神可分为两类:"倮念"是总山神,即冢山、岳山。"叶西纳蒙"即为此类;"夺抢"是小山梁子,是各寨祭祀的山神。"叶西纳蒙"是白马十八寨的总山神,其余各寨又有自己的山神。白马藏族对"叶西纳蒙"非常崇拜,每年农历四月十八、农历七月十五和农历十月十五都要进行祭祀。每隔三年的春节期间还要举行大的祭祀活动。

白马索唛独圣山

平武白马藏族特别崇敬的山神叫"叶西纳蒙",为诸神之冠

树神 过去，凡白马藏族居住的山寨，一般都有百年古树。他们认为百年古树具有灵魂，能保佑族人平安吉祥。在村寨四周的山坡上都有大批的林木，山被封为禁山，山上的树被视为神树。这些树的地位是至高无上的，是绝对不可侵犯的。如果有人胆敢砍了这里的树，将会遭到全寨人的谴责，被认为是破坏了风水，触犯了树神。违禁者必须宰羊一只，请"白莫"念经，并向树神谢罪。树中最尊崇的是柏香树，白马藏族认为它是最洁净神

寨子边的神树

圣的。凡祭火、向神献酒、洒净水都用柏香枝叶。松树也受人崇敬。

水神 白马藏族认为水神是指河神、湖神。每当大年初一凌晨鸡叫时，各家门前都要点燃一堆柴火敬神，然后去河边或湖边取"新水"。"新水"取回后，他们立即把"新水"往屋前屋后浇洒，并唱水歌，此为祈水或贡水仪式。至今，白马藏族仍保留着正月初一抢"新水"的习俗。

祭水神

走进白马

火神 火与人们的生活密切相关。人们的生产与生活、文明与进步都离不开火。白马族族人家家里的火塘（其铁三脚架是具体代表）是全家人的活动中心。

火塘中的铁三脚是火神的具体代表

宗教信仰 | 097

白马藏族围着篝火歌舞，祭祀火神

白马藏族火祭时，人们围着熊熊篝火唱歌跳舞，颂扬火神和火的由来

动物崇拜

　　白马藏族把乌鸦、蛇、熊、鸡、羊、牛、马、狗等动物当作神灵崇拜。白马藏族认为"杀打"（土地神）是蛇变的，对它十分敬畏；乌鸦是神鸟，不能伤害，因为神借乌鸦的嘴吃供品。白马藏族刻在门窗上惟妙惟肖的动物造型并不是一种简单的装饰，而是一种有着深刻内涵的信仰。据说，它与白马藏族的动物崇拜有着紧密的联系。白马藏族以动物名称分部落，有黑熊部落、猴子部落、蛇部落、白马部落、白熊部落、黄羊部落。这是白马藏族一种奇特的文化现象。民间舞蹈中有模仿老虎形象的"猫猫舞"，"跳曹盖"中曹盖装扮的是名叫"达纳尸界"的黑熊神，当地人把这种舞蹈又称为"十二相舞"。实际上，这既是森林里动物真实生活状态的一种呈现，也是人与动物和谐相处的一种表现形式。白马藏族人家家户户的火塘正上方，都挂有一幅剪纸，上面全是鸡、羊、牛、马等各种动物图案。

白马藏族人家门首悬挂的避邪傩面、象形文经书和黑熊头，与白马藏族的动物崇拜有着紧密的联系

白马藏族非常崇拜白鸡。他们把白鸡尾羽插在头上，以示对白鸡的崇敬。对于白马藏族头上为什么要插白鸡羽的问题，在民间有这样一个传说：白马藏族的祖先原本是氐族，因长期遭到封建王朝的欺压而奋起反

白马藏族人把白雄鸡装饰在屋脊上以示崇敬

抗。交战之初，他们打了胜仗。后来，朝廷与头人谈判时，欺骗了他们，让他们中了圈套，很多氐人惨遭杀害。当时，有一个名叫戒鲁的氐人半夜挣脱枷锁，杀死看守逃亡。逃亡途中，戒鲁又饥又渴，昏倒在路旁。一只白公鸡引颈长鸣，惊醒了昏睡中的戒鲁。戒鲁闻声后，连忙爬起，星夜赶回家乡，给同胞报了信，才使得这个民族免遭灭绝。后人为了纪念这件事，就在白毡帽上插上白鸡羽。

白马藏族每家都要养狗，且对狗非常尊敬。每年的大年初一，第一件事情就是喂狗。在白马地区有这样一个传说：他们曾经遭受洪水之灾，灾后只剩下一条狗。狗每日对天哀嚎不止，"洛拉界武"（老天爷）可怜它，就给了它几颗荞麦种子。狗舍不得吃，将其种了下来。于是，白马藏族就开始有了荞麦，从此过着丰衣足食的生活。从那以后，白马藏族漫山遍野都是荞麦，

白马藏族特别尊崇狗，平时不得随便打狗，更无吃狗肉的习俗

走进白马

白马藏族特别尊崇狗

吃都吃不完。有一傻妇不爱惜粮食，用荞饼给小孩擦屁股。天老爷"洛拉界武"知道后很生气。他说："粮食是给大家吃的，既然你们吃不完，我就收回去了。"于是，他就来到人间收庄稼。"洛拉界武"正用手抹荞子的时候，刚一抓就被有棱角的荞子秆划破了手，鲜血直流，连荞子秆也被染成了红色。快要勒到尖时，狗又向天老爷哀叫求情。"洛拉界武"可怜狗，这才停住了手，留下荞子顶尖上的一串串荞子。狗又一次救了白马藏族的命。因此，白马藏族特别尊崇狗，平时不得随便打狗，更无吃狗肉的习俗。狗死之后，白马藏族对狗实行风葬。把死狗挂在树上，还要烧一个大馍馍挂在狗的颈脖上，以表示对狗的尊崇。

祖先崇拜

　　白马藏族对祖先极为崇敬。在每一个白马藏族人心中都有自己祖先的无形牌位，他们对祖灵的供奉也极为虔诚。每家火塘正上方有个神柜（内装碗、盆、灶具），柜上置一正方形木斗以点香，香系柏树枝制成，名曰"柏香"；另有一个长方形木匣，内装青稞、燕麦、荞麦等杂粮，以祈求"五谷丰登，六畜兴旺"。旧时，富裕人家点神灯，天黑点燃，睡时吹灭；普通家庭则以松明及火塘燃柴照明。凡红白喜事、逢年过节，都要祭祖扫墓，以祈求祖灵保佑全家平安吉祥、人畜兴旺。每年腊月二十日到次年二月初五不得耕地，因这是死去的祖先"耕地"的时候。腊月二十日这天要准备好各种粮食的种子，呼唤着祖宗的名字，叮咛"瞎子要牵来，瘸子要背来"（不要遗漏之意），献上种子。春天花开之时，则是亡人过年之日，若在这段时间死亡，乃是命好的表现。他们还认为，凡农牧业丰收、办事顺遂、娶亲添子等，都是祖灵赐福的结果。

白马藏族火塘正上方的神柜

鬼魂崇拜

白马藏族认为,天上地下都有许多鬼神,如天鬼、山鬼、水鬼、瘟疫鬼、梦鬼、路鬼、白日鬼、黑夜鬼、牲畜鬼、火塘鬼、家神鬼等。这些鬼神有善有恶,因此也必须加以祭祀。

祭祀鬼魂

猎神崇拜

　　白马藏族原是狩猎部落，各寨都有猎神。猎神乃各部落祖先中的狩猎英雄，其中最著名的猎神叫"别瓦阿涅那衣"，是猎人最崇拜的神灵。猎人出猎前后，都要烧香磕头祭祀猎神。

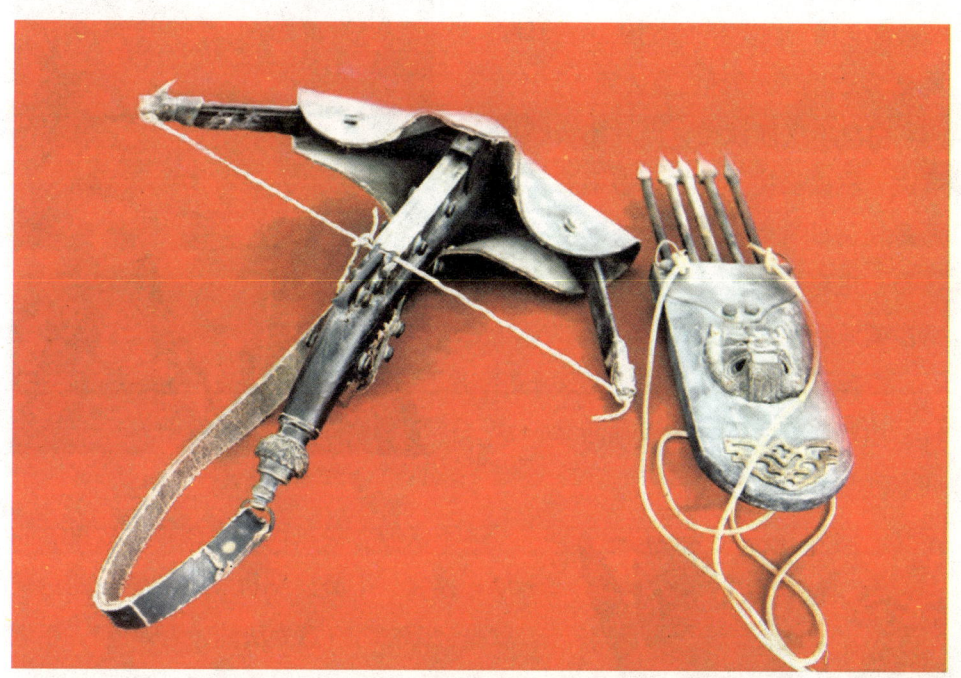

狩猎用的弩箭

白莫崇拜

白马藏族把从事宗教职业者称"白莫"（即巫师）。白马藏族将"白莫"视为通晓一切事理、具有超自然神力的人，是沟通人、神（鬼）世界的使者。

白莫掌握着白马藏族的族群文化，一般都会诵"白莫经"。过去，白马藏族要学文化，必须拜白莫为师。

白莫不仅能诵经，而且还会祭神禳灾、驱鬼治病、保护人畜平安。白马藏族凡日常生活中生产劳动、婚丧嫁娶、生老病死、天灾人祸等，都要请白莫诵经。

白莫只限于男性，往往是父子相传。出师典礼隆重，需敬神请客，并向本师献贡礼。

白马藏族白该（1）

不仅能念经，而且会祭神、放鬼、叫魂、禳灾、卜卦、咒仇和主持婚丧的白莫就是"劳白"（意为法师、老师傅）。年老有学问的"劳白"又称为"白该"。

白莫是不脱产的宗教神职人员，没有寺庙或专门处所，平时都各居家中。

白莫使用的经书称为《丹巴·嘎惹纳》，嘎惹纳乃"经文、天意"之义。其样如藏经，长条形、活页、夹以木板，并用藏式竹笔写成，黑字，有的封面上加彩画鬼神。这种经典据说有两百种左右。现只有送魂开路的《杂巴》、命理推算的《操把》、治病的《戳纂》等存在。

白马藏族白该（2）

白莫使用的法器主要有"曹盖"（面具）；锣、鼓（羊皮铁圈扁形鼓）、大铃、"角都"（木号）；收鬼驱邪用的法物"补"（杵），三棱三尖，首饰有三面人头；白莫作法时头上戴的法冠（一种法冠为熊皮帽，用一熊头制作而成，头顶插饰鸡尾多支；另一种是"五叶冠"，又称"五福冠"）；还有角都，鼓吹时发出"嘟——"的声音（白马藏族语言中"嘟"即是龙，传说鬼最怕龙的叫声）；还有一种"转经幡"，系白色小风车竖立在杆顶上，经风吹动不停地旋转，示意轮回诵念经咒。

竖立在寨门旁的转经幡

白莫使用的经书《丹巴·嘎蕊纳》

白莫戴的五叶法冠

白莫作法时使用的法器——法鼓

白莫作法时使用的法器——角都

白莫作法时使用的法器——法印

白莫的祭祀根据不同的内容举行不同的仪式，且供品也不尽相同。凡重大节庆，白莫都要带领族人跳曹盖。曹盖是面具之意，跳曹盖就是戴上面具跳神。这个面具是"达纳尸界"的形象。"纳"是黑，"达"是熊，"尸界"是神仙，即黑熊神之意（也有人说纳是神，尸界是人名），是鬼怪最惧怕的，故化装为黑熊神能驱邪逐鬼。跳神用的"曹盖"一般是一双（一阴一阳），浓眉、圆眼、血岔大口、虎齿外露，额上有双蛇盘绕，还并列着三个人头，系用整木雕成。

白莫作法时使用的法器——曹盖

跳神者头顶插有各色纸条及扇状折叠彩纸，身穿五色花袍或反穿羊皮袄。

与此同时，白马藏族的宗教信仰也受苯教的影响。相传在白马藏族地区过去曾修过喇嘛庙，也有人去藏族地区学过喇嘛经典，返回后从事宗教活动。其活动只是死人或遇重大灾害时念经。喇嘛传授的经书多是手抄藏文行书，内容大多是用以卜卦的卦书。1949年前白马藏族地区曾受汉族道教的影响有一些信众，部分白马藏族也请道士跳神驱邪捉鬼。

白莫诵经

白该传经授徒

走进白马

曹盖扮相

民俗禁忌

禁忌是人类社会一种古老而又神秘的文化现象，是一个民族亘古流传下来的、带有浓郁的宗教色彩和原始色彩的传统文化现象。由于曾经生产力的低下和科学知识的贫乏，有许多自然现象无法用人们的经验加以解释，人们的精神领域几乎完全被神灵鬼怪所充斥。当时人们认为人类遭受的所有灾害都是鬼神制造的。为免遭灾祸，人们约定俗成，形成了许多禁忌。在白马藏族的日常生活中，也保留着大量的禁忌。这些禁忌在形式上与其他民族大同小异，但内容独具特色，而且十分繁杂。主要有以下方面：

生产禁忌 旧时，农业生产力低下，人们主要是"靠天吃饭，顺从自然"。一方面要不误农时，另一方面则要定期祭祀，以求神灵保佑。春节期间禁忌生产劳动，认为若耕作便会冲犯神灵，一年百事不顺；正月至二月凡遇"戌"日，不得从事农事活动，否则庄稼要遭病虫灾害；禁止在农历四月初八使用耕牛，否则牛会生病，或者不听使唤；蜜蜂出巢时，不能端饭碗出门，以免蜂出不齐，或蜂群不进巢；种植火麻、燕麦、荞麦和胡豆时，忌说"雀啄"，

生产禁忌：蜜蜂出巢时，不能端饭碗出门，以免蜂出不齐，或蜂群不进巢

否则收成不会好。

生活禁忌 白马藏族家里有病人，外人不得进入。亲属探望，要把一勺灰撒在门道之上，才能入内。远客拜访或家人远出归来时，需停在门外，等主人取灰撒在门道上后才能进屋，寓意随身缠带的鬼怪已被驱逐。任何人不得从神柜前横过，要取东西则直接向前，取后退走，不得绕行，否则会得罪神灵；不得从

生活禁忌：火塘旁边的座位男女有别，坐错了会冒犯火神

客人的面前横穿而过；不得在老人面前说脏话、跷二郎腿，否则被视为没家教；不得随意走过主人坐地之位，若这样做会被视为对主人的蔑视。家中来了客人，主人不得扫地，否则会被视为赶客走。进别人家屋时，要主动向主人打招呼，否则会视为无礼貌。夜间禁忌吹口哨，怕招鬼进屋。火塘是神圣的，任何人不得跨越火塘或敲打火塘中的三脚架，不能在火塘边吵架或说不吉利的话，不得在火塘上方挂衣服，否则会得罪火神。火塘边座位男女有别，不能乱坐，坐错了也会冒犯火神。禁止吃狗肉，因狗有恩于人。进山伐木、采药要看"期"，期间在外作业不吉利。在火塘边吃火烧馍时，忌用手去拍打馍上的火灰，否则会被视为对主人不敬。妇女晾晒衣服、裤子，不能晾在众人常经过的地方，否则会被视为不懂礼貌。

生活禁忌：火塘是神圣的，任何人不得跨越火塘或敲打火塘中的三脚架，不能在火塘边吵架或说不吉利的话

狩猎禁忌 出门狩猎前，必须祭祀山

神，祈求进山平安吉祥。狩猎时，忌讳问山名或把山神的名字喊错，否则认为是对山神的不敬，会遭遇不幸。在山上烤火时忌讳在火上烘烤鞋袜衣裤，否则就会得罪山神、火神。进山狩猎时，不得在山上大声吼叫，否则会激怒天神和山神，不但狩不着猎，还会招来杀身之祸。猎人不能吃猎物的内脏，要留给狗吃，因为狗很辛苦，否则以后狗就不会再助主人狩猎。

婚姻禁忌 婚嫁之日，须选择吉日良辰，否则事后大为不吉。凡日蚀、月蚀、"恶月"、"哑年"、"寡年"期间忌结婚，否则婚后事事不顺。新娘出嫁时不能回头看，否则会招来霉运。

生育禁忌 妇女怀孕期间，不准从马缰绳上走过，否则要像马一样怀孕十二个月。妇女怀孕期间，忌摘花椒，否则椒树

婚姻禁忌：忌讳在日蚀、月蚀、"恶月"、"哑年"、"寡年"期间结婚，否则婚后事事不顺

会枯萎死掉。孕妇不能参加婚礼，否则被认为会使新婚夫妇生不出孩子。妇女生孩子时，任何男子不得入内。家中有产妇，忌外人进入，否则会把鬼怪带进屋，招来厄运。

节日禁忌 农历正月初一是新年的头一天，禁忌繁多。忌动刀、扫地，忌哭泣，忌骂人、吵架，忌说不吉利的话，否则认为会破财。除夕之夜，民间认为是神仙鬼怪下界之日，因此这一日既要敬鬼神，又有许多禁忌。大年三十夜，全家人一起敬火神，然后围坐在火塘边喝咂酒，唠家常，通宵达旦，否则今后会一切不吉，事事不顺。腊月二十七至三十为禁火日，

大年三十夜，全家人围着火炉喝咂酒，唠家常

各家不得举火，除各家火糖里的火不熄外，各寨只能留一大火堆来祭祀火神，否则来年万事不安。

宗教禁忌 白马藏族禁忌在神山、神树、神林旁大小便，否则会冒犯神灵，将被神捉弄病死。夜间在路上行走时，若有人在后面叫自己的名字，不能答应，更不能回头看。白马藏族认为这是鬼魂在试探，若答应了，灵魂会被鬼魅所逮，将遭不测。白莫送鬼时，要往屋外看，鬼才送得出门，家人的病才会好。白莫驱邪捉鬼时，不得惊动他，否则病魔将会转嫁于本人身上。禁忌讲白莫的坏话和玩弄白莫的经书、法器，否则会遭惩治。

白莫诵经作法时不得惊动他

餐饮禁忌 白马藏族忌讳用手抓饭吃，否则会被人认为不礼貌；忌讳把饭粒掉在地上，否则将遭雷劈；忌讳小孩饭碗里留剩饭，否则长大后定会娶麻脸妻子或嫁给麻脸丈夫；忌讳吃饭前用筷子敲空碗，俗以为"穷气"；忌讳倒扣碗于桌上，以为不吉利；忌讳吃瘟猪、瘟鸡、瘟鸭等异常死亡的动物，恐食之会导致某种不吉利的变异。长辈忌吃晚辈的剩食，否则小辈要遭罪。小孩不能吃猪鼻子，否则会像猪一样打鼾。小孩不能吃猪蹄子（猪蹄子分叉），否则长大后娶不着媳妇。

白马藏族忌吃瘟猪、瘟鸡、瘟鸭等异常死亡的动物，恐食之会导致某种不吉利的变异

现代火炉既可以取暖升温又可以烧水

火塘里的火无论冬夏,日夜燃烧不熄,煮饭烹茶,都在这火塘上进行

火塘边的白马藏族老人

文学艺术

白马藏族是一个有着许多神话传说和幻想故事的民族。他们在和自然社会的斗争中，创造并形成了独特的生存方式和充满民族特色的传统文化艺术。这里每一个景点，每一首歌谣，都有着美丽的传说和历史掌故，都会把人带入一个神奇的梦幻世界。这里虽然经历了种种社会变革和现代化思潮的冲击，但是这种根植于民族深层的传统，依然得以保存，有些正在弘扬发展。白马藏族的文化艺术底蕴深厚，形式多样，其民间故事、民间歌曲、民间舞蹈和民间竞技，都是白马藏族文化传承的主要形式。

白马藏族圆圆舞

民间文学

白马藏族民间文学内容丰富，远古神话、民间传说、民间故事是其重要组成部分。

远古神话　神话是人类的特殊文学产物。白马神话反映出古代白马藏族先民对自然事物的看法，描写人类与自然界斗争的情景。比较著名的神话有《天地是怎么来的》《皮绳是怎么来的》《白马老爷》《麻绳造人》《一箭之地》等，这些神话在白马藏族地区广为流传，可以说是家喻户晓。

《天地是怎么来的》讲述的是白马藏族观察事物、解释世界的独特方法，表现出他们原始宗教的泛神色彩，其内容是：在很早很早以前，世界上没有天也没有地，到处是一片混浊。木日扎该在混浊中劳动，寻找着光明的地方。突然，从哪里传来了一阵闹声，仔细一听，有两个声音争吵着。一个说："杀拉甲伍，你先绷，把地绷好以后，我再绷天。"另一个说："洛拉甲武，你先绷，天绷好了，再来绷地。"这时，木日扎该急忙向发出声音的地方钻过去，看见洛拉甲武正在绷天。天绷好了，是圆拱形的在上方。后来，杀拉甲伍又绷地。地是圆球形的，在底下。天和地都绷好了，现在要把天和地扣合起来。可是天绷小了，地绷大了，怎么也盖不严。最后，他们又想出一个办法，就是将地挤小一点，这样，天和地终于扣严了。挤的时候，地面上有的地方鼓了出来，有的地方陷了下去。鼓出来的地方，就形成了山坡、高地；陷下去的地方形成了沟壑、湖泊、海子。事后，木日扎该把天地形成过程传了出来，人们才知道了天和地的来历。于是，大

白马藏族妇女

白马藏族少女

家都公认：洛拉甲武就是天老爷，杀拉甲伍就是地老爷。

白马藏族讲的《麻绳造人》这个创世纪神话，与汉族讲的《洪水淹天》的内容大同小异。其内容是：洪荒时代，有一天，地动山摇之后，洪水泛滥，人烟绝踪，只剩下藏在牛皮里的两兄妹。为了不使人种绝迹，兄妹俩结为夫妻。结婚后，妹妹生下一根麻绳。他们认为这是天神对兄妹俩婚姻的惩罚，便气愤地将它砍成若干小节。后来，这些绳节竟然活了起来，变成了不同家族的人。这个神话说明了白马藏族的来历。火麻绳子恰是白马藏族一大特产。过去人们穿衣主要是麻织品，火麻籽还是油料，可以看出麻在白马藏族生活中的重要性。

《白马老爷》讲述的是：在夺博河同羊洞河汇流的地方，有一座小山，白马藏族习惯称其为"白马老爷"。白马老爷是个过路神。一天，他云游夜过白马藏族地域时，正遇雷电暴雨。眼看庄稼快要被淹没，人畜快要被冲走，房屋快要倒塌时，白马老爷起了怜悯之心，便停下来施法，很快免除了一场灾难。当白马老爷正要启程时，鸡叫了，天亮了，他再也走不动了，变成了一座小山，世世代代保佑白马藏族风调雨顺、人畜平安。从此以后，白马藏族人特别崇拜它，每逢年节都要举行祭祀活动，还把它尊崇为白马藏族的祖神。

走进白马

民间传说 民间传说多以历史事件、历史人物为题材并加以渲染美化而成。还有一些有关白马藏族风俗、地名、节日来历的传说。不少民间传说把人物、事物刻画得惟妙惟肖，栩栩如生。

《一箭之地》讲的是本民族迁徙的传说。白马藏族曾经住在绵阳、江油一带的平坝，与汉族杂居。大家都爱唱歌跳舞，过着幸福安定的生活。诸葛亮六出祁山时，要白马藏族让出一县之地。白马藏族说："让出一个县，我们还有站脚的地方么？"诸葛亮又说："那就让一箭之地吧。"白马藏族人想：一箭能射多远，就欣然答应了。箭射出去后，白马藏族派人去寻找。他们翻过一山又一山，趟过一河又一河，终于在涪江上游的夺博河畔找到了箭。原来，孔明早就派人把射出去的箭取了，又偷偷插到这里了。这一箭之地比一县之地还宽。白马藏族明知中计，因为守信用，还是迁进了高山峡谷之中，过着与世隔绝的艰辛生活。

《杜鹃山的传说》讲的是一个地名的传说。在平武县海拔3300米的杜鹃山顶原来有一个大海子，海子中有一头恶魔。一到麦黄成熟季节，恶魔就要兴风作浪，撒下鸡蛋大的冰雹，伤害山下人畜和庄稼，人们痛恨至极。一天，山下寨子里一位勇敢的猎人借助仙翁法力，除掉了山顶海子里的恶魔。事后，人们拥戴猎人为山下的部落首领。不久，猎人身边的一位好友将他谋害了，继而篡夺了猎人的权位，还想将猎人的妻子桂阳占为己有。桂阳不从，遭囚禁。猎人的灵魂化为一只鸟，整天绕着爱妻囚禁的地方旋飞，并悲惨地啼叫："妻桂阳，妻桂阳！"桂阳闻声悲恸而死，也化为一只鸟，与夫偕去。从此，人们把这鸟就叫杜鹃鸟，把这山又叫杜鹃山了。

《熊猫为啥没有小肠》的内容是:熊猫与兔子一同在森林里玩耍。熊猫不幸踩中了猎人安设的弩箭,肚子被射了一个小洞,小肠掉出来了,不知如何是好。这时兔子告诉它要在冰上去冻,等月亮出来时大叫三声就会长好。熊猫如法去做,结果却把小肠挣断了,从此熊猫就没有小肠,所以它的粪便总是大团大团的。

《王岱波与娥满早》描写的是青年王岱波与姑娘娥满早的悲壮爱情故事,流传甚广。这则故事白马藏族语叫"得西阿瑞",译为"新娘鸟""死恋"或"王岱波与娥满早"。其内容是:从前,白马藏族青年王岱波与姑娘娥满早互相

美丽的杜鹃山

爱慕。但王家很穷，娥家的父母不愿把女儿嫁给王岱波。他们在各自父母包办下，分别订了婚。但他们不顾父母的坚决反对，仍私下往来。此事被娥满早的未婚夫知道了，他用毒箭射伤了王岱波，最后致其死亡。家人将王岱波火化时，尸体不燃。这时，悲痛之中的娥满早拿着亲手给王岱波缝制的衣帽，带着咂酒和青油来到火葬场，对着王岱波尸体边哭边唱，并把随身带来的衣物一一抛入火中，尸体才被烈火点燃。随即娥满早在一阵狂风迅雷中跳进火海了。后来，两人的骨灰粘在一起怎么也分不开。人们只好将他们生前最害怕的蛇和癞蛤蟆丢入火堆中，骨灰才慢慢分开了。事后，家人将两人的骨灰隔河埋葬。不久，两坟长出了两株奇特的柏香树，树枝越长越长，同时伸向河心，渐渐地连在了一起。人们随时还会看见树枝上有一对名叫"阿西波息煮"的小鸟在欢跳。两家又砍去了柏香树，不久坟上又长出了青翠的竹子，同样枝叶生长，又连在了一起。两家又连坟带竹一齐挖掉。就在这时，一道美丽的彩虹突然从坟上升起，慢慢地横跨于夺博河上。一对红肚黑羽的小鸟从坟堆里飞出，嘴里不停地叫着"阿西波息煮、阿西波息煮……"很快飞到高山密林中去了。

另外，还有赞美勤劳、善良、老实的品德，鞭笞懒惰、狡诈狠毒、贪婪刻薄等品性的作品。如《放牛娃和海神的女儿》《马达姑》《约珠贝》《七兄弟》《白鼠衣》等。《白登巴色汝》和《阿尼·格萨》是由若干短小故事构成一个完整的系列传说，记叙了主人公的诞生、婚事、战胜巨蟒和妖魔鬼怪等的故事。中心主题是歌颂光明战胜黑暗，正义战胜邪恶，美胜丑，智胜愚。

民间故事 民间故事多以童话、动植物故事为主，也有一些幽默风趣的故事。有的故事可讲几天几夜，有的短小精悍，有的风趣活泼，有的寓意深刻。民间故事题材广泛，都以歌颂真善美，揭露假恶丑为主题，反映了白马藏族热爱祖国、热爱家乡的高尚情操和对美好生活的追求。

童话故事如《松树井》《羊尾巴》《种菜籽》《劳布拉》等。动植物故事如《兔子和癞肚子赛跑》《介加和舍香合努的故事》《麦子和荞子的故事》《牛的故事》《猴子和獐子的故事》《老鸹为什么没有嗉子》《野兔沙努》等。这些故事的特点一是拟人化，二是多与白马藏族的生活环境联系在一起，三是以丰富的想象编述有趣的故事来解释动植物的一些特点。

民间还流传有一些以人与鬼怪搏斗为题材的故事。

民间歌曲

悠久的历史、独具个性的民族特色，构成了独树一帜的白马藏族文化。白马藏族会说话就会唱歌，能走路就会跳舞。唱歌是白马藏族生活中不可缺少的一部分，无论劳动、年节、嫁娶、恋爱等无事无时不歌，整个白马藏族地区就是一个歌的海洋。其民间歌曲从内容和形式来看，可分为劳动歌、节日歌、生活歌、酒歌、祭歌、情歌、丧歌、儿歌和舞蹈歌、流行歌等。各种歌曲音调各不相同，唱法有独唱、领唱、合唱、对唱、伴唱等多种形式。歌手一般熟悉固定的曲调，遇不同情况，即兴现编现唱，内容生动，曲调深沉、幽雅、婉转，再现了白马藏族长期居于高山丛林的斗争生活，表达出他们热情、团结、真诚、奔放、率直的感情。

劳动歌 劳动歌是白马藏族在生产劳动实践中所吟唱的歌曲。如：修房屋有《打墙歌》；背粪有《背粪歌》；上山打猎有《猎歌》；下地干活有《耕地歌》《吆牛歌》《割草歌》；春天到了万木复苏，有《开春歌》；春播开始了，有

白马藏族无时无刻不歌

民歌对唱

《播种歌》；收获时有《收割歌》《割麦歌》《打麦歌》《丰收歌》，还有《养蜂歌》《放羊歌》《砍柴歌》《采药歌》《织麻布歌》等。这些歌曲内容反映了白马藏族以农业为主，兼营畜牧、狩猎、养蜂、采药等副业的劳动生活。

《打墙歌》采用对唱方式，从选树、砍树、抬树、砍剖成板，一直唱到覆盖成房顶，长达数十段。曲调虽简单，歌词却很生动，饶有兴味的一问一答表现了劳动者的智慧。

《狩猎歌》是狩猎者进山与出山唱的歌。白马藏族信奉万物有灵，视房后的山为神山，神山则有猎神。出于万物有灵观念及

白马藏族一边织腰带一边唱歌

狩猎的危险性，猎人进山时必以歌唱呼唤山神及猎神之名，以求护佑。回家时亦一路歌唱以谢神灵。

《织麻布歌》是白马藏族姑娘织麻布时唱的歌，歌词有："从织带子到织麻布，美丽的姑娘已经成熟。勇敢的小伙子来求婚吧，姑娘的心上敞开了宽阔的大路。"

节日歌 白马藏族最隆重的节日是春节。跳曹盖是每年元宵佳节举行的盛大艺术活动，同时又是祭祀活动。白马藏族有许多流传的节日歌。

生活歌 生活歌包括一部分习俗歌。最具代表性的是《哭嫁歌》《送陪奁》《烟袋歌》《赞姑娘》《乘凉歌》《防火歌》《走路歌》等。《赞姑娘》歌词大意："山寨姑娘真俊俏，桃红脸蛋杨柳腰。身穿五色白褶裙，外系一条花围腰。胸前佩戴鱼骨牌，头上戴顶白毡帽。荷叶毡帽十二角，大珠小珠三十颗。帽顶插的白鸡毛，花枝招展随风飘。玛瑙耳环双耳垂，腰缠万贯小铜钱。自织花带腰间系，脚上穿的绣花鞋。外套一件棉褂子，花饰图案真鲜艳。毡子裹脚腿上缠，走起路来如风摆。姑娘打扮真漂亮，好似天仙在人间。这首歌用诗的语言把白马藏族特有的服饰简练生动地描绘出来。

《送陪奁歌》是一首妹妹出嫁，哥哥给妹妹送陪奁时唱的歌。歌词大意："迎亲的阿哥等一等，出嫁的阿妹站一站，请

白马藏族青年女歌手

白马藏族老年歌手

土琵琶演唱

看一看我送的陪奁吧。让我们一起喝一碗酒，我酿的美酒已在碗里起旋旋。摸一摸我送的绵羊吧，它们是那样驯良。看一看我送的山羊吧，它们是那样肥壮。瞧一瞧我送的犏牛吧，它们是那样的力大、健壮。骑一骑我送的骏马吧，骑上它能走遍海角天涯。我送上一铜铁铧，凡犁过的地方都会长出茂盛的庄稼；我撒下一把青稞，祝福你们家养的牛羊，定会像地里的青稞一样多多在望；我送上三支命箭，箭上我挂着雪一样白的羊毛。衷心祝愿我的外甥，定会长得像羊羔一样白胖健壮。"

酒歌 酒歌，白马藏族又称其为"酒曲子"，是白马藏族中极为普遍的民歌。酒歌结构短小，多数是二乐句的乐段结构，常多次反复，反复中有局部变化。歌词有固定的，也可即兴编词。音乐节奏自由，曲调悠长，即兴色彩突出。酒歌内容丰富，远至唱苦难的族史，颂扬祖先，叙述族规族法；近至欢庆团聚、丰收、年节，或为接风洗尘，有的则带有知识性和娱乐性。白马藏族凡是节日、喜庆或亲朋相聚，必围坐火塘畅饮美酒。大家高举酒杯，一人领唱，众声相合，响彻山谷，充满了团结和睦的气氛。寒冬腊月，大雪封山之时，白马藏族更是不分昼夜地拥火而坐，边喝边唱，唱至兴起就跳敬酒舞，喝醉了，倒在

聚精会神听酒歌

敬酒歌

火塘边便睡,睡醒后又加入喝酒唱歌的队伍,以此抒发情怀和度过漫长的寒冬。如《团圆歌》的歌词大意:"燃起篝火,扯起圈子,歌手把口开。祖先啊!是您带我们到这方来……"

还有一种古老酒歌,以自问自答的方式,对太阳、月亮、土地、树木、石头、大路以及火、酒等宇宙万物和日常事物,提出一连串的问题,然后用拟人的天真想象加以解答,优美而饶有趣味,别具一格。如《太阳的歌》:"太阳有父亲,也有母亲和儿子。太阳的父亲是谁?太阳的父亲是早上的晨晖。太阳的母亲是谁?太阳的母亲是黄昏的夕照。太阳的儿子是谁?太阳的儿子是中午的烈日。太阳是从哪里出来的?太阳是从'杰兀'的大门顶出来的。太阳是在哪睡的?太阳是在棉花般的云彩里头睡。太阳走路要经过几道关?太阳经过的关像珠子一样多。太阳早餐吃的是什么?太阳早餐吃的是高山上的花草。太阳中午吃的是什么?太阳中午吃的是普照所有的东西。太阳黄昏吃的是什么?太阳黄昏吃的是重重的青山。太阳冬天走的是什么路?太阳冬天走的是阳山那边的路。太阳夏天走的是什么路?太阳夏天走遍了阴山、阳山、树林、河流。太阳冬天到哪儿去?太阳冬天落在阳坡里。"歌词想象美妙,古朴原始。古代人对日月的运行及天空宇宙的形成不理解，把太阳视为有生命、有感情的人，它想象像人一样吃饭睡觉、生儿育女。人们看到太阳每天从一个神秘王国的大门出来，经过重重关隘，在云彩中睡觉。因平武县森林茂密，山高沟狭，太阳早上只能照到高山顶，中午普照大地，傍晚夕阳照耀群山之巅，人们便认为太阳在不同的时间内吞食不同的东西。

白马藏族老人说："我们从前的酒歌是一套一套的，从天上唱到地下，从高山唱到海子，从太阳唱到月亮……有许多已经失传了，就现编，看到哪里唱到哪里，想到哪里唱到哪里。见了花儿唱个《密米谣》，见了兰花烟唱个《烟袋歌》……"利用旧曲即兴编词来表达自己的感情，是白马酒歌的特点。

《除夕酒歌》是众多酒歌中最有名的一首辞旧迎新仪式歌。通过酒歌，既安排了全年的生产劳动，也告诫大家须遵守族规族约；既祭拜了各方神灵，祈求来年风调雨顺、人畜兴旺，也以此促进了族人的和睦团结。歌的内容从正月初一唱到初十，歌词采取问答式："正月初一喝美酒，头杯美酒敬谁人？牧羊人儿多辛劳，敬祝今年羊兴旺。正月初二喝美酒，二杯美酒敬谁人？父母长辈请上坐，畅饮美酒保长寿。正月初三喝美酒，三杯美酒敬谁人？同姓族人同举杯，和睦团结保平安。正月初四喝美酒，四杯美酒敬谁人？大小头人多辛苦，

喝不完的咂酒，唱不完的歌

祝愿吉祥又健康。正月初五喝美酒，五杯美酒敬谁人？家家户户同庆贺，五谷丰登乐开颜。正月初六喝美酒，六杯美酒敬谁人？寨内寨外客相聚，相聚犹如一家亲。正月初七喝美酒，七杯美酒敬谁人？欢迎远道的贵客，吉祥如意享太平。正月初八喝美酒，春回地暖绿芽生，种子锄头快备齐，一年四季在于春。正月初九喝美酒，家家户户备春耕，东南西北都拜到，消灾免难保丰收。正月初十喝美酒，族规族约切莫忘，鸡鸭上圈莫下地，护林防火保安全，桥梁磨房勤修整，人人尽责享丰年。"

《烟袋歌》是描写白马藏族吸烟的歌曲。歌词大意："金子的烟袋是皇帝吃的，银子的烟袋是县太爷吃的，红铜水烟袋是货郎客吃的，铁打的烟袋是小伙子吃的，白铜的烟袋是姑娘们吃的，木头的烟袋是老年人吃的，蒿草秆烟袋是放羊娃吃的。兰花烟的种子是哪里来的？是白老介武传下来的。纸烟是哪来的？是介老介武传下来的。兰花烟的爸爸是哪个？兰花烟的爸爸是烟叶子。兰花烟的妈妈是哪个？兰花烟的妈妈是烟种子。"

祭歌 祭歌包括《祭水神歌》《丧葬歌》《喊魂歌》等，多在节日或祭神、祭祖的祭奠仪式上由白莫演唱。

每年春节的正月初一，白马藏族都要举行贡水仪式。凌晨鸡叫时，各家门口点火敬神，然后在江边或井边取新水，沿途吟诵《祭水神歌》，并呼唤神灵与祖先之名。

白马藏族相信人死后，魂魄是有灵的，必须迅速送到阿马路里（又称为"鬼山""鬼娘家"）去安身，否则将对家人不利。丧葬仪式就是送鬼魂去阿马路里，祈求鬼魂保佑家人平安。死者入葬前，置尸于桌上，面向西方，上供、点松明或油灯，全寨人前来哀悼。子女们脱帽跪地，双手捧脸，叩头七下，然后唱丧葬歌，每唱完一段再叩头，以示哀悼。歌词大意："人死后不能再复生，今天为你唱个悼念歌。你安心回娘家去吧！去了就不要再回来，你不要挂念家人了。你不要害家人，也不能害亲朋族友，你去后所需要的，我们都给你一一办到。你放心地去吧！去吧！"

入葬后，白马藏族在家中供牌位，写上亡人姓名。子女分跪左右，穿旧衣、戴白帽（帽上取下白鸡毛，缀上白线或黑线以示戴孝）。大家边唱边磕头，送鬼上天。《丧葬歌》虽然也抒发了悼念亲人之情，但主要反映白马藏族原始的鬼魂信仰和祖灵信仰。歌唱只是丧葬仪式的表现形式，是人与鬼灵相通的手段。曲调吟诵性强，用音少，旋律简单呆板，节奏符合吟诵歌词的节奏。

白马藏族青年女歌手

《喊魂歌》的歌词多与日常生活、劳动相关，词句优美，极富感情。歌词大意：魂啊！你不要到处去游荡！家里的父母都在盼望你归来，回来吧！魂啊！东方不是你逗留的地方，你快回来！南方不是你逗留的地方，你快回来！西方不是你逗留的地方，你快回来！北方不是你逗留的地方，你快回来！接着又从春、夏、秋、冬四季的变化以及在家里和在野外的对比，来表明"魂"的困难处境，不断呼唤着"魂"快快归来。

防火歌 按白马藏族传统习惯，人人有保护寨子安全之责。寨内的安全防火尤为重要，都有约定俗成的规矩，各户派人轮流巡夜。巡夜人边走边唱，歌词大意："柴火堆整齐，谨防火烛燃。缸中水装满，有备方无患。小孩莫玩火，大人常管教。违者必受罚，防火人尽责。"

狩猎歌 劳动本是人与大自然的斗争。原始民族在对大自然的恐惧、崇敬中产生万物有灵的神秘信仰。白马藏族现在虽主要以农耕为生，但历史上曾经历过狩猎经济。当时他们进山狩猎，艰辛地穿行于悬崖峭壁、荆棘丛生的深山密林中，与兽斗极其危险。狩猎者以吉凶未卜之心情，一路呼唤猎神、山神，祈求保佑。狩到猎物后，杀之分肉，以敬山神。《狩猎歌》是专门唱给神灵听的，只能在深山中唱，若在寨子中唱，则被视为不吉利。歌曲音调高亢，节奏自由。

情歌 旧时，白马藏族的婚姻原则上是父母包办，自由恋爱较少，相应地情歌也就较少。一般情歌不能在寨内唱，也不能当着长辈唱。演唱者仅限于未婚青年，演唱形式为男女二人或男女群体对唱。主要传统歌曲有：《夜曲》《娶新娘歌》《月亮歌》《相好歌》以及《阿勒图歌》等。其中《阿勒图歌》以对比手法，赞美心中的情人。歌词大意："我们边走边唱，唱一支爱情歌。

唱不完的酒歌

人家女人的脑袋像老熊头,熊头总是蓬蓬松松;我的爱,脑袋像豌豆,豌豆脑袋清秀玲珑。人家女人的屁股像箩筐,箩筐屁股乱摇晃;我的爱,衣裙像风中杨柳,杨柳衣裙随脚步轻轻荡漾。人家女人的嘴巴像口袋,口袋嘴巴又大又臭;我的爱,嘴巴像花椒,花椒小口圆润又芳香。"

上述民间歌曲是历史遗留的活化石,随着社会与时代的变迁,白马藏族人的音乐生活随其观念的变化而变化。老年人受传统意识影响深,保留了喜唱古歌的习惯。青年人成长于社会、经济发生巨大变革的时代,受外族影响大,他们不仅喜爱本民族传统歌舞,也喜爱用本民族民歌音调改编或创作的歌曲。

民间舞蹈

　　白马藏族能歌善舞，田间地头。村庄院落，到处都是他们引吭高歌、施展舞技的场所。从白马藏族舞蹈的表演内容和形式来看，大致可分为自娱性舞蹈和祭祀性舞蹈两大类。他们所处的险恶地理环境和独特的民族习俗、民族性格，形成了他们独具一格的舞蹈风格和特点。最具代表性的传统舞蹈主要有"阿里港珠"（猫猫舞）、"咒乌"（曹盖舞）以及"珠寨莎"（圆圆舞）等。阿里港珠和咒乌，统称为"傩舞"（神舞），即面具舞。这些舞蹈形式的形成与发展，同其他各族民间舞蹈的形成发展一样，随劳动的产生而产生，随社会生产力的发展而发展。

载歌载舞的白马藏族姑娘

文学艺术

圆圆舞是一种自娱性的集体歌舞，类似锅庄舞

载歌载舞庆佳节

走进白马

跳圆圆舞时，人们不分男女，不分老少，不分贫富、贵贱，手牵着手围成一圈，边饮酒边歌舞

圆圆舞 白马藏族语称为"珠寨莎"，是一种自娱性的集体歌舞，类似锅庄舞，也是白马藏族最喜欢的一种传统舞蹈。跳舞时，人们不分男女，不分老少，不分贫富、贵贱，手牵着手围成一圈（有时围着火堆），边饮酒边歌舞。舞步比较简单，随圈左右盘旋，走三步踢一次腿，男唱女和，一段歌词后转一个方向，速度较慢，以走步和滑步为主，身体随脚步起伏摆动，显得文静而悠闲自得，气氛亲切感人，颇有美感。至今，白马藏族仍以圆圆舞为主要娱乐形式，并保留着"黄发白首齐醉舞，携手踏歌程复程"的全寨老小共舞的古代遗风。

曹盖舞 白马藏族语称"咒乌"，意为面具。跳曹盖即戴着面具跳祭祀神鬼、驱灾祈福的舞蹈。曹盖舞是白马藏族崇拜黑熊神"达纳尸界"驱鬼的一种舞蹈表演形式。因舞者头戴"达纳尸界"形象的面具而得名。白马藏族语"达"即熊的意思，"纳"即神灵的意思。这是至今还遗存在白马藏族生活中的古老且具有原始风貌的群体祭祀舞蹈。过去，白马藏族跳曹盖把女跳神者称为"曹玛"（男扮），男跳神者称为"曹跑"。跳时，舞者要用糌粑作一个恶鬼（"尼拉可悲"）面具，八个方向各有一只黄眼珠、大眼睛，头长、

曹盖舞即戴着面具跳祭祀神鬼、驱灾祈福的舞蹈

长毛的恶狗。跳至最后,由扮"达纳尸界"者持刀砍倒"尼拉可悲",丢至十字路口,以示除去妖魔,可保一年人畜平安,五谷丰登。白马藏族跳曹盖的仪式一般是在每年的正月初六举行。每当初五的下午,人们于寨外晒场搭建祭棚,开始用面粉制作猪、牛、马、羊、鸡等形状的家畜家禽供品,并插上柏树枝丫和各色纸制的小旗帜,又在晒场中间点燃一堆篝火,寨民们围火而聚。火堆左侧的白莫开始诵经,直至次日凌晨鸡叫头遍时结束。此时,随着一声三眼

跳曹盖

铳的巨响，寨内外火枪齐鸣，跳曹盖的青壮年，翻穿羊皮袄，头戴青面獠牙的木制面具，手持大刀，在"嘀——嘀——嘀——"的叫喊声中从寨子最高层屋子里涌向祭棚，开始一年一度的跳曹盖活动。曹盖扮演者在鼓钹的伴奏中，随着时缓时急的鼓点回旋跳跃。随即曹盖扮演者又将白莫给的面制动物祭品抛向空中。接着白莫杀鸡，开始祭祀寨子周围各大小山神。午后，在大曹盖带领下，前往各家各户跳曹盖驱逐鬼邪。每到一家，由大曹盖踢翻屋内火塘上的铁三架，让主人重新放置，以示破旧立新、除魔祛邪。事毕，全寨集体举行祭祀大山神活动。白莫杀鸡，曹盖扮演者在前开路，其他寨民手拿种子边跑边撒，整个场面气势磅礴，热闹壮观。这种舞蹈过去只能白莫跳，现在一些年轻人也能跳，已成为传统舞蹈与民间体育活动相结合的活动，具有一种强烈的原始美。白马傩舞跳曹盖已纳入国家级非物质文化遗产第一批保护名录。

跳曹盖驱鬼邪

文学艺术

猫猫舞是一种以祭神、驱鬼为主要内容的祭祀性舞蹈，也是一种模仿动物动作的舞蹈

猫猫舞 白马藏族语称"阿里港珠"。"阿里"就是猫的意思。相传在很久以前，白马藏族山寨里的庄稼总是莫名其妙地被毁坏，人们想尽一切办法寻找原因，结果发现是一只鼠精在作怪，经常糟蹋农作物。

白马藏族山寨里有一只猫，它勇敢地制服了鼠精并为白马藏族除去了祸患。从此以后白马藏族年年都跳阿里港珠，以此来表达对猫的敬重与感恩之心，同时也祈求来年风调雨顺、五谷丰登。演跳时，多以锣鼓伴奏，动作雄健有力、粗犷潇洒，颇有古代"百兽率舞"之遗风。

伿舞 "伿"是白马藏族的方言，意为吉祥面具舞，汉语俗称十二相舞。它源于白马藏族崇尚"万物有灵"的原始时期，是氐羌文化与藏文化的融合体，带有一定的祭祀性。其拟兽舞蹈的特征说明它应是远古"百兽率舞"的遗存之一。

在每年的正月

白马藏族傩舞——十二相舞

初一至正月十六或者重大的节庆时,白马藏族都要举行盛大的㑇舞表演活动。表演活动极其丰富,有12大阵、72小路。跳时,舞者头戴狮、牛、虎、龙、鸡、猪等十二种动物头像的木雕面具,动作有附掌、踢腿、抖肩等,大方洒脱、豪迈有力。十二生肖面具代表一年四季中的十二个月,白马藏族通过歌舞的形式,祈求月月保平安,岁岁福安康。

大刀舞 由锣鼓、皮鼓伴奏,明快的节奏、奔放的舞姿,充分展示了白马藏族豪放、开朗的性格和热爱生活的欢乐情绪。

白马藏族祭礼中的大刀舞

欢快的丰收舞

池哥昼为巫术跳神的一种,主要流传在文县的白马藏族聚居区内

鬼面舞 白马藏族语称鬼面舞为"池哥昼","池哥"意为面具,"昼"为歌舞。鬼面舞为巫术跳神的一种,也是至今还遗存在白马藏族生活中最古老且具有原始风貌的群体祭祀舞蹈。其主要流传在文县铁楼藏族乡的12个村寨和石鸡坝、天池等地。池哥昼亦是山寨群体性活动,有固定的表演形式,以舞蹈贯穿始终。歌舞舞蹈一般由九人组成,其中四人扮成山神,叫"池哥",传说是白马先祖达玛的四个儿子。四人扮成菩萨,又叫"池姆"。两人扮成夫妻,又叫"池玛"。还有一个十多岁的儿童扮成猴娃,又叫"池玛鄢板"。四个池哥头戴青面獠牙的木雕彩绘山神面具,上插锦鸡翎,翻穿羊皮袄,背负一串铜铃,足蹬牛皮靴,左手持宝剑,右手握牛尾刷,形象凶猛恐怖,舞步遒劲粗犷,舞姿有"杀野猪""打老虎""剥猴皮"的动作。两位池姆头戴雕绘菩萨面具,慈眉善目,端庄秀丽,身穿对襟长裙,手持花手巾,舞动时紧跟在"池哥"之后,舞姿轻盈飘逸。夫妻池玛,丈夫身穿麻布长衫,头戴草帽,妻子身着白马藏族普通妇女装束,唱说白马藏族的苦难和历史变迁。猴娃脸抹锅墨,身穿破衣烂衫,类似于舞台丑角,用幽默、诙谐、风趣的吉利话逗笑戏耍,往往令人捧腹大笑。整个场面既原始古朴、粗犷豪放,又充满了神秘的宗教气氛和浓郁的娱乐色彩,是集"舞、歌、乐"为一体的民族民间艺术。

凤凰舞 　　　　　　　　　　　杀野猪舞

甘昼舞　　　　　　　　　　　知麻昼舞

池哥昼舞（1）

十二相舞

池哥昼舞（2）

民间工艺

白马藏族的民间工艺多以装饰品及生活实用品最为常见，分为雕刻、编织、剪纸和挑花刺绣等品种。另外还能打制锄、刀和火塘上的铁三脚架，还能织麻布、织腰带、缝制衣服、擀毡制帽、编织草鞋、编织背篓、制作石磨、翻造火药以及简陋的土枪等生产生活用品用具。

白马藏族织花腰带

传统民族手工艺织腰带、擀毡帽

木雕曹盖

木雕 白马藏族的雕刻有着悠久的历史。旧时土司、头人或富裕家庭的住宅门窗、供桌神龛、桌椅板凳等，都雕刻有各种奇花异木、珍兽异鸟，以及各种自然景色图案。此外，白马藏族跳曹盖舞时所戴的面具是由当地所产的桦木雕刻的。其面具形象多为熊头，因为白马藏族非常崇奉黑熊神，认为它是鬼怪们最惧怕的神灵，故将面具做成熊头形象，相信这样便能驱鬼逐疫。这些面具一般都雕刻得凶猛异常，呲牙咧嘴，让人看了毛骨悚然。曹盖平时多供奉在家屋主室或大门上方，可驱邪纳吉，保一家平安。

传统木雕面具

白马藏族木雕艺人

挑花刺绣 白马藏族妇女最擅长挑花刺绣。她们把挑花绣朵、编织裁剪、飞针走线当成自己的乐趣，把对家人的爱和满腔热情一针一线地绣到了自己的作品中。白马藏族的刺绣刻意追求原始的自然美，图案大多选自现实生活中表达吉祥意义的自然界花草虫鸟，构图新颖、对比强烈，尤其是妇女的围腰上、衣襟上、袖口上、腰带上、钱包上、鞋底、鞋邦上等几乎随处可见。这些纹饰既有美观的功能，又能增强衣物用品的耐磨性，延长使用寿命，具有实用价值和保存价值。

手工刺绣

绣花鞋垫

走进白马

织麻布 过去白马藏族喜欢种植火麻。一到秋天收割季节，人们就将地里的麻秆砍倒，堆在地里用露水沤几天，然后背回家在屋檐下继续堆沤上一段时间，直到麻与麻秆分离。接着将麻剥下阴干，再用麻线车将麻搓成麻线、挽成线团，然后把线团放在柴灰水中煮，一直煮到麻线成了纯白色。煮好之后把麻线散开晾干，最后才能将麻线在织布机（腰机）上织成麻布。接着又将制成的麻布放在柴灰水中煮3小时左右，捞出后又放于溪水中漂洗，晾干就成了白麻布，便可制作衣物和绑腿。

织麻布（1）

织麻布（2）

织花腰带

织腰带 腰带是白马藏族传统服饰中必备之物，为手工制作。它以各色毛线、棉线、丝线为料，通常以多色搭配为趣，图案以各种线条和几何纹组成。以前白马藏族姑娘和妇女织腰带时，多聚集在宽阔的坝子上，各自摆好自己的织布机。开始编织时，她们两腿叉开坐在地上，将纺线一端系于织布机上，另一端套在腰间，身子往后退，把套在织布机上的线绷紧；然后用木条将经线分为两层，以梭引麻线入经为纬，来回穿梭。每穿两三次以后，就要用木算子把穿过的线压紧。大约十天就可以织成一根美丽精致的花腰带。每逢织腰带时，她们都会一边织带一边唱歌，谁织的腰带花纹繁杂，纹理清楚，谁就会受到人们的赞扬和尊重。

织花腰带

擀毡帽 白马藏族最具特色的是戴在头上的盘形圆顶荷叶边毡帽，这种毡帽白马藏族称为"沙尕帽"。毡帽制作工序十分繁杂，首先将弹好的羊毛平整均匀地铺在一张软木帘子上，接着将铺了羊毛的帘子卷好捆紧，把开水淋进铺了羊毛的模具里，又把热水充分浇淋过的羊毛筒，迅速在桌子上来回滚搓，使羊毛收缩到理想状态。然后要持续不断地揉搓和淋开水，中途不断打开软木帘子整理羊毛，使羊毛在收缩过程中保持薄厚均匀，并不时将块状的羊毛修成圆形。四五个小时后羊毛基本成型，接着又用模具为帽子定型，并把帽檐擀压成波浪形状。

擀毡帽（1）

擀毡帽（2）

之后，用粗细不同的磨具反复将外部打磨光滑，用白丝线或麻绳密密地扣织好帽檐，于冒顶四周再缠以蓝、红、黑色丝带，环之以串珠小铜铃。就这样，一顶盘形圆顶荷叶边纯白羊毛毡帽完成。

剪纸　白马藏族民间剪纸多以美化生活、憧憬未来、祝吉颂祥，以及宗教题材为主旨，同生产和生活密切相关。传统图案多为家禽家畜、鱼虫鸟兽、花草树木等。构图新颖别致，造型生动美观，给人以奇异的剪裁轮廓之美，以及清新的玲珑剔透之感。

剪纸

走进白马

织腰带

捻毛线（1）

编制草鞋

铁匠铺

民俗展示

文学艺术 | 149

捻毛线（2） 　　 搓毛线（3） 　　 擀毡帽

搓麻线 　　 织腰带（1） 　　 织腰带（2）

木匠 　　 编背篓 　　 石匠

民间竞技

白马藏族身体剽悍,崇尚武勇,他们喜好锻炼。骑马、打猎、射箭、舞刀、摔跤、打毽子、比手劲、推杆等,以及和体育有密切关系的舞蹈、游戏都是他们喜爱的运动。

赶老牛　赶老牛,白马藏语称为"臭楼沙",类似平武县境内的"打臭",为白马藏族青少年十分喜爱的一项体育活动。场地要较为平坦,场中央需挖一个直径约20厘米的大坑作球门(又称"牛圈"),然后在距中心坑两米以外的周围挖若干手掌大的小坑(坑的多少以参加人数而定)。"牛"(即球)多为手工缝制的沙包或树上长的寄生包,但也有用石蛋"牛"的。参赛者每人手中均有一根木棍,棍的一端多是弯曲的。

赶老牛

比手劲

比赛开始前，每人均立于中心坑的周围，在规定的距离内，参与者轮番将"牛"赶入"圈"中（即中心坑）以定胜负。赶牛次数少的为胜，多的为负。下一轮，次数最多的为赶牛者，其余皆分守一个坑。听到裁判哨令后，赶牛者迅速赶牛，而打牛人却用木棍阻止赶牛者把牛赶入中心坑中。打牛人在击牛后，则须立即跑回将棍杵在自己防守的坑内（即守住自己的门），避免被罚而担任赶牛者。若两人同时抢占到一个坑，则采取猜拳的办法来确定谁为赶牛者。赶老牛的比赛时间一般不限，直到大家都疲乏困累为止。

犇筋 白马藏族语称犇筋为"扯保打沙"，汉族叫"老牛犁地"，为白马藏族人最喜爱的一种竞技活动。过去，这种角力游戏活动在白马地区普遍流行。犇筋为两人参赛。比赛时，用一根粗绳套在双方脖子后面，然后经过胸前至裆下而出。双方臀部对臀部摆好姿势，双方两手撑地，待裁判鸣哨后，一齐用力，反向而拉。力大的一方将对方拉过中线者为胜，多为三局两胜制。

犇筋

荡秋千 白马藏族语称为"阿哇",其也是平武县白马藏族最喜爱的民间体育活动之一。凡白马藏族地区的寨里寨外,常常竖起高高的秋千架,有的则把秋千扎在屋前高大的树枝上。每天早晚或节日里,成群结队的少年儿童或青年男女,依次在高高悬挂的秋千上悠悠荡荡。他们时而仰面腾空,时而俯冲朝下,其艳丽的民族服装迎风飘舞,姿态优美动人,欢声笑语,富有诗一般的情趣。

荡秋千

推杆 推杆也是白马藏族地区一种体育竞技活动。一般有两种比赛方法,一种是团体比赛,另一种则为双人对抗赛。团体比赛参赛人员一般为6~10人,比赛只需一小块平地和一根丈余长的木杆即可。比赛时,双方面对面双手紧握木杆,木杆要保持水平,不能高低摇摆。当裁判鸣哨后,推杆者一齐使出全身力气,将对方推过终线者为胜,比赛多为三局二胜。

推杆

民族风物

　　白马藏族地区是一片美丽而神秘的土地，有着清纯明丽的蓝天、澈如明镜的湖泊、美丽壮观的瀑布、神奇壮美的峡谷、耸立天际的雪山、浩瀚无际的森林，还有着多姿多彩的民族文化、古朴浓郁的民风民俗……让我们一起走进神秘的白马地区，感受纯净的阳光，凝视高耸的雪峰，聆听天籁的歌声，追寻川西北独特的人文风情。

白马藏族围着篝火唱歌跳舞

王朗国家级自然保护区

王朗国家级自然保护区位于平武县境内西北边缘，距县城95千米。东南面以沙珀依万沟和普块依万沟东南侧山脊为界，西南面以平武县和松潘县县界为界，东北、西北以平武县和九寨沟县县界为界，南面以豹子沟和白马乡为界，总面积323平方千米，是以岷山山系为主轴自然形成的一个绝佳风景名胜三角区。1965年，四川省人民政府确定其为全省首批以保护大熊猫为主的自然保护区之一。2002年升为国家级自然保护区。2006年，列为全国首批林业国家级示范保护区。

王朗自然保护区是四川西北迄今保存最完整的一片原始森林。区内峰峦叠嶂，林壑深幽，溪流纵横，松杉耸翠，四季皆景：春可观赏杜鹃，夏可观赏绿荫，秋可观赏红叶，冬可观赏瑞雪。在这里还可品尝纯净甘甜的山泉、森林的野果，探索神秘的原始森林之谜，是科学考察、生态旅游最理想的去处。

王朗国家级自然保护区

王朗风情

　　王朗境内动植物资源极为丰富。据粗略统计，有植物97科、306属、615种。其中苔藓植物12科、15属、15种，蕨类植物7科、13属、14种，裸子植物5科、12属、22种，被子植物73科、256属、564种。其中，属于中国特有分布在保护区内的有10属，占总属数的3.7%，植被类型有阔叶林、针叶林、灌丛和灌草丛、草甸、流石滩植被。区内经济植物类型多样，有木材植物、纤维植物、油脂及芳香类植物、牧草及饲料类植物、中药材植物、野生水果蔬菜、野生花卉及观赏植物等。此外，区内还有重要的珍稀濒危植物，如麦吊云杉、星叶草、独叶草以及大熊猫主要食物——箭竹。

　　王朗自然保护区无论植物还是动物，稀有种类都很多。据不完全调查，区内共有兽类62种，分属6目26科。其中特有种类有大熊猫、金丝猴、小熊猫、喜马拉雅旱獭、四川林跳鼠、鼢鼠、普通攀鼠、四川毛尾睡鼠等。其中珍稀和资源兽类有大熊猫、金丝猴、牛羚、云豹和豹等，它们均属国家一级重点保护野生动物。该保护区共有鸟类152种，其中夏候鸟和留鸟有136种；有一级保护鸟类3种，即斑尾榛鸡、雉鹑、绿虹雉；此外还有两栖爬行动物等。

　　该自然保护区为岷山山系大熊猫栖息地，是全国大熊猫的最主要栖息地之一。据最新调查资料，区内大熊猫种群数量为34只，栖息地面积1577公顷，占

高山湖泊

王朗自然保护区面积的48.5%。这里山体高拔、峰峦奇伟、沟壑纵横、瀑布飞悬、景色秀美。区内原始森林茂密，林下灌木层有成片的缺苞箭竹和华西箭竹，为大熊猫提供了丰厚的竹类储积量；林间大小溪汩汩流淌，为大熊猫饮水提供了方便。这里海拔为2300~3500米，难以垦殖，少有人类侵扰，形成了现存大熊猫的自然庇护所。大熊猫性情孤僻，常独来独往于茂密的林中，有独自的巢域，但没有固定的卧穴。它酷爱活动，常边走边觅食边排便，每天需要一小部分时间进行饮水、游荡、嬉戏等活动。大熊猫有时也攀大树，主要发生在求偶或逃避突然危险时，偶尔也上树休息、晒太阳。幸运的游客能在保护区内看见体态憨拙、性情温驯的大熊猫在栖息地或坐卧，或饮水，或嬉戏，各得其所。

王朗自然保护区山水秀美。两沟十景，美妙奇特，堪与九寨沟、黄龙媲美。其自然景观大多集中在竹根岔沟和大窝凼沟内。沿两条主沟而上，或乘车，或步行，随着海拔高度的变化，游客可在短时间内欣赏到不同时节的山水风光，领略到溪水的柔美、草甸的丰华、野花的妖艳。进入竹根岔沟，游客得穿行数千米的原始森林，冷、云杉树高大挺拔，棵棵健壮，直指蓝天。这里植物群落领地分明，杉木林是主体，而高山大叶杜鹃及各种灌木、青藤、杂草却占据了树林下的全部地表。凡是生长在这里的植物都尽情地展示着自己的生存本领，它们不放过任何机会，显露扩张的本性。高大的杉树逃不过青藤的缠绕，枯萎的桩头难免杂灌木寄宿。在这里，游客可以领略到茫茫林海之博大胸怀，万物之灵气，天地之伟岸。

白沙沟是高山藏柏和高原红松的领地。这里原来有天然藏柏、红松林好几公顷，1976年平武县发生大地震，造成特大泥石流和山体滑坡，将这片宝贵的森林几乎全部摧毁。至今，地震痕迹在这里仍然依稀可见。地震本是一场令人伤痛的灾害，却从另一方面给王朗造就了一道奇特的自然景观。由于地震的作用，这里的山体被撕裂，于是兀峰突现，犹如人造宝塔，与四周奇峰怪石相映成趣。这里的藏柏虽然遭遇了一次惨痛的灾难，但它们并没因此而丧失生存的信心。在这片地震遗迹上，尽管不少藏柏主干被泥石流埋没了10~20米，可它们仍然顽强地生存着，仍然在这片土地传播种子，繁衍后代。

在大窝凼沟，沿小溪而上有一个名为金银坡的地方，这里是王朗自然保护区少有的湿地。过去人们曾用"风吹草低见牛羊""棒打野鸡瓢舀鱼"的诗句来形容这里物产丰富。

王朗的风景真的很迷人。春天，这里各种各样的山花竞相开放，彩蝶在花丛中翩翩起舞，小鸟在林间尽情歌唱。湛蓝的天空飘浮着棉团似的白云，轻柔的春风吹拂着嫩绿的牧草。夏天，这里河水清澈，绿影婆娑，青藤攀附着古木，禽兽在林间嬉戏。常有一阵闪电一场雨将王朗的森林沐浴。雷雨之后，太阳从云朵里露出脸来，金箭似的光芒拨动停留在绿叶上的水珠，让绿色的森林忽闪着炫目的星辉。这时，一道彩虹从林中升起，横跨山峦，将王朗装饰成了仙人的世界。秋天，王朗景色更加不同凡响，金黄的草坡、血样的红叶将这里的山山水水装点得五彩缤纷，俨然人间瑶池。冬天，王朗别具韵味，晶莹的雪

高山杜鹃

王朗秋韵

花纷纷飘落，将林区团团包裹，俨然一幅"山舞银蛇，原驰蜡象"的北国风光。

王朗自然保护区不仅风景优美，还有许多奇美的传说。相传，很多年以前有位叫王朗的贤人，一生好游名山大川，猎奇探险。一日，他翻过一道山岭，来到一处山清水秀的地方。但见这里山雄地险，林木参天，彩蝶翻飞，鸟雀啁啾。流水欢歌于溪谷，猛禽旋于蓝天，草地野兔追逐，林间走兽穿梭。王朗喜不自禁，认为这里是他看到过的最好最美的地方。于是，他游兴大发，穿林趟水，渴了捧一捧溪水，饿了采几个野果，困了就在大树下呼呼而眠。日复一日，竟然忘却了时日，正是"人在得意不觉老，身处幽境自成仙"。一日，夕阳西坠，玉兔东升，王朗困盹于树下，忽见一仙姑踏祥云而来，近前告曰："王相公可知时日乎？"王朗答："此地山峦叠翠，美景无穷，学生才刚涉足耳，实不知光阴几许！"仙姑告曰："相公进此山来，已去三百年了。尔沐山川之灵气，濯日月之光华，今已悟道成仙，余奉命请相公赴蓬莱仙岛受封归位也。"言罢将手中拂尘向王朗面额扫去，王朗一惊，立刻醒来，方知刚才乃是南柯一梦。奇怪的是，这一梦之后，王朗须发皆白，已是老年垂暮。他知归途难寻，于是在一岩壁之上镌刻下"王朗到此一游"的字迹，之后坐化西去。不久，一药夫进山采药，发现此字迹，便将此地称为"王朗沟"，后又被人去掉"沟"字而简称"王朗"流传至今。

的确，王朗是仙人聚集的地方，是大自然中一块绿色宝石，是一首诗、一幅画、一支天上人间难得的畅想曲。

走进白马

王朗之秋（1）

民族风物

走进白马

民族风物 | 163

王朗之秋（2）

王朗初雪

民族风物

王朗冬韵

走进白马

王朗小景

小河沟自然保护区

　　小河沟自然保护区位于平武县西北地区的木皮、阔达、黄羊、水晶等乡境内，距县城25千米，处于九环线要道上，总面积282平方千米。1993年，由四川省人民政府确定为省级自然保护区。

　　该区是以保护大熊猫等珍稀野生动物为主的省级自然保护区之一。小河沟自然保护区处于龙门山构造地带与秦岭东西构造带之间的特殊区域。地势西北高、东南低，属深切割型山地，山高谷狭，峰峦叠嶂。区内最高海拔4790米，最低海拔1310米，相对高差达3480米。

　　区内为寒温带气候，气候温和，降水丰富。植被垂直带谱由低到高依次为常绿阔叶林带、针叶阔叶混交林带、针叶林带、高山灌丛或高山草甸带、流石滩植被带。

　　区内自然风光绮丽迷人。春天繁花似锦，红、黄、蓝、白、粉、紫各色杜鹃开遍沟谷；夏天林海如缦，飞瀑滴翠，空谷回声，古藤老树莽莽苍苍，不见

小河沟自然保护区

走进白马

小河沟原始生态

曦月；金秋送爽，层林尽染，枫叶如火，红遍山野；冬雪如银，皑皑万山，琼楼玉树，银装素裹。

小河沟自然保护区地貌复杂，植物群落多样，为各种野生动物提供了良好的栖息条件。区内属国家一级重点保护的野生动物有大熊猫、川金丝猴、牛羚、云豹、玉带海雕、绿尾虹雉等35种；属国家二级重点保护的野生动物有猕猴、大灵猫、小熊猫、黑熊、红腹角雉、红腹锦鸡、蓝马鸡、长耳鸮、血雉等30多种；属省重点保护的野生动物还有7种，其中，川金丝猴不仅种类多，品种优，毛色艳，而且数量大，估计有一千只以上。这里真不愧为一个天然动物园。

区内的野生植物种类繁多，是一个名副其实的植物宝库。据考察，区内主要有种子植物94种，其中国家和省重点保护珍稀植物10种。区内成片成林的稀有植物珙桐、银杏、红豆杉、连香树、杜仲、水青树、鹅掌楸、麦吊杉、楠木、厚朴、天麻、黄连、白辛树、领木春、平武藤山柳尤为名贵，其原始和富集程度在省内的自然保护区中首屈一指，特别是这里生长的大熊猫最爱吃的箭竹。

小河沟自然保护区还是天然大氧吧。当进入景区，在这绿色海洋里穿林逍遥，登山观景，磐石野餐，向绿海尽情索取芳香和阳光时，你定会感到耳聪目明，身心俱爽，精力旺盛。

夺博河畔风光好

　　清澈、蜿蜒的河水从岷山深处流出，穿过密林纵深的大熊猫乐园，沿着两岸长满的青稞、流向有着群群牦牛与山羊的村寨，这就是著名的夺博河。夺博河又名"火溪河""白马河"，为涪江左岸支流，位于平武县西的木皮、木座、白马乡境内，正好处于成都至九寨沟旅游线上，坐车就能观赏其风光。

　　出平武县城，沿着蜿蜒起伏的九环线西行，经过铁笼堡大桥，很快便进入了夺博河谷。河谷地貌奇特、俊美，多是高耸入云的褶皱岩层，或平皱，或竖皱，或斜皱。除两边的绝壁危岩、奇峰怪石、悬崖栈道外，沿河谷行走，一路溪流相伴，或瀑布飞溅，或清泉涌溢，水质纯净清澈。溪水潺潺在幽静的山谷里，显得更加温柔、亲切。加上林中的各种鸟叫，为这个幽静的山谷增添了无穷的情趣。

　　河谷两旁的原始森林遮天蔽日，植被呈立体结构。高大挺拔的杉木支撑着由无数小针叶聚成的墨绿的树冠，苍老的树皮上包裹着毛茸茸的苔藓。有些树

火溪沟（夺博河谷）

枝上挂满了纷纷扰扰、轻盈飘逸的被当地人称为"飞天蜈蚣"的松萝。大树底下，一簇簇的水茶子和一笼笼的倒挂刺，缀满了通红诱人的浆果，招惹着馋嘴的小鸟为它们把种子传播到远方。矮树丛下，蓬松的木叶间，覆盖

夺博河上的索桥

着由各种杂草织成的厚厚的草毯，温润的空气夹杂着小草、山花的香味，沁人心脾，令人神清气爽。

这里春铺碧绿如洗，夏披繁花似锦，秋染红叶烂漫，冬裹银装洁白。置身河谷中，随时还可观赏到白雾飘飞游弋之景，一时铺天盖地，几步之外不能见人，转眼间又消散得无影无踪。在白雾中隐没和显现，大有飘飘欲仙之感。

走在夺博河畔，游人不仅可以观赏旖旎迷人的自然风光，还可以体验到古朴淳厚的民风民俗。

夺博河之秋

民族风物 173

夺博河畔古栈道

瀑布飞溅

174 走进白马

溪水潺潺

独特的民族风俗

杜鹃山上景色美

　　杜鹃山位于九寨沟旅游环线平武县与九寨沟交界处，总面积20多公顷。山顶海拔3300多米，山势雄伟、气势磅礴。游人置身其间，能真正体会到"不敢高声语，恐惊天上人"的美妙感觉。

　　山的周围都是原始森林，奇花异卉长满其间，其中又以杜鹃花最多。品种有大叶杜鹃、高山杜鹃、小叶杜鹃等30余种。有紫色的、白色的、蓝色的，还有粉红色的。有的花大如杯盘，有的花小如水珠。有的高达数丈，有的矮不及盈尺。它们一团团、一簇簇、一朵朵含笑于漫山灌木林中。各种杜鹃花群聚成花海，自下而上，次第开放，红绿相映，美丽壮观。

　　每到春夏之交，满山遍野的杜鹃争奇斗艳，万紫千红、芳香四溢，成了通往神话世界的途中一景。当你乘车沿着盘山公路，向山顶行径的时候，犹如蜜蜂穿行在百花丛中。山顶的景色更加绮丽。草地宽宽的，碧绿碧绿的，绿草丛中开放着一朵朵、一束束蓝花和白花。微风一吹，它们花枝轻摇，仿佛在向游人招手致意。早晨，嫩绿的草尖上顶着的颗颗露珠，在太阳照耀下，晶莹闪亮。草地周围，云海茫茫，红日升高，云海散尽，面前便展现出一望无尽的群

杜鹃山秋韵

走进白马

杜鹃山冬韵

山，层层叠叠，富有"会当凌绝顶，一览众山小"的意境。

美丽的杜鹃山，还有一个美丽的传说。

很久很久以前，杜鹃山叫"黄土山"，山顶上是一汪湛蓝的海子，海子中有一头恶魔，一到麦黄豆熟季节，它就兴风作浪，扯起铺天盖地的乌云，将冰雹撒向山下，把青稞、荞麦打倒在地里，人们辛勤劳动的成果顷刻间化为乌有。为了得到一点好收成，每逢节日，山下寨民就会把肥猪、肥羊、肥牛和一名美女抬到海子边供奉恶魔。年复一年，山里的美女只剩下桂阳一人了。桂阳是猎手杜王的未婚妻，他们相亲相爱，难舍难分。杜王坚决不愿将未婚妻送给恶魔，决心与恶魔决一死战。有一天，他在路上遇到了一位仙翁，仙翁赠给他一根竹杖，对他说他可在某日某时，等那恶魔作法，他要就如此如此，定可将它诛灭！杜王按照仙翁的指点，来到海子边隐藏起来。这天，将近中午时分，恶魔露出海子水面，正在施法作恶时，已藏匿多时的杜王立刻将竹杖对着恶魔一扫,杖中突然飞出几支利箭,直把恶魔射翻在海子里。恶魔除掉后,杜王与桂阳成了亲,人们拥戴猎手为王。杜王身边的一位好友,因嫉妒他得娇妻又登王位,于是密谋篡位。有一天,他把杜王骗到海子边游玩,趁其不备,将杜王推进海子里淹死了。他篡位后,又逼桂阳为妻。桂阳不从,便被囚入深宫。杜王的灵魂化为一只鸟,绕爱妻被囚的宫殿而飞,并悲惨地啼叫:"妻桂阳,妻桂阳!"桂阳闻声悲恸而死,也化为鸟与夫偕去。从此,人们叫这鸟杜鹃,这山也叫杜鹃山了。久而久之,淹死杜王的这片海子干涸了,长出碧绿碧绿的青草、大片大片的杜鹃林。据说,这碧绿的草地就是杜王宽阔的胸怀,这血红血红的杜鹃花就是桂阳的芳心。游人每每经过此处,都会情不自禁地停下车来,观赏这一片奇特的景观。有的人还会跳入那草地上,在花丛中打滚,跳跃,嬉戏,流连忘返。

五彩坡

如诗如画海子沟

海子沟风景区坐落在白马藏族乡水牛家水库南侧。这里群山耸峙，重峦叠嶂，飞瀑流泉，蝉鸣鸟唱，植被葳郁，藤蔓攀牵，空谷幽兰，芊蔚菁菁，高山湖泊，幽恬如镜，茂林箭竹，蝶舞蜂飞，如诗如画，令人神往。

方圆58平方千米的景区，风光旖旎，四季景异。仲春时节，山野开始苍翠，万物勃勃生长，杜鹃松林、雪峰草甸相映成趣。夏雨之时，瀑飞流急，密林初沐，巍巍群山，云烟涌动，有手拂流云、卧读蓝天的意境。深秋时节，层林尽染，山枫如火，桦叶似金，流光溢彩，让人顿生秋色浸怀、醉入仙境之感。冬雪初晴，群峰素裹，玉树琼枝，让人在冰川湖泊间流连忘返，乐不思归。

景区地形复杂，森林茂盛。群山幽谷中有各种珍禽异兽、山珍野果、名贵药材以及香气馥郁的各种野花。当游人漫步景区，满目青翠，雀鸟啾鸣，深感心旷神怡。

高山湖泊

红叶似火

走进白马

民族风物

层林尽染

人间仙境天母湖

天母湖即水牛家水库,位于白马藏族乡厄里寨上行3千米处。湖平均水深约60米,湖面积约4平方千米,湖岸线长12千米。

每到春夏季节,若荡舟逆流而上,两岸青山拥翠,风光旖旎;苍树参天,傲然屹立;柔顺的箭竹,婀娜多姿;高山柳桦,青荫蔽日;芬芳杜鹃,争奇斗艳;林木参差,色彩斑斓;蓝天白云,波光粼粼。如诗如画的美景,扑朔迷离,使人眼花缭乱。

每到金秋,天母湖便迎来了一年中色彩最为丰富的时刻。大自然是最伟大的色彩大师,它不动声色,悄悄就把湖区染成了五彩斑斓的彩林世界。密林中的枫树、槭树、桦树、鹅掌松、落叶松等渐次经霜,树叶被染成为绮丽的鲜红色和金黄色。漫山红遍,层林尽染,如春花怒放,红涛泛波,金黄流丹,美如云霞的红叶装饰着整个湖区。高峡平湖,山湖相衬,恰是一幅色彩鲜艳的山水画!

美丽的天母湖

每到寒冬，漫步于湖区岸边，展现在眼前的是雪峰、冰川、晨雾美景。或银装素裹，或浓雾弥漫，或轻纱笼罩，是那样变幻莫测，虚无缥缈，勾织出一幅动感的画面。目睹此景，会感到身心已融入大自然的怀抱，人世间的烦恼会一扫而空。

风景迷人

红叶似火

湖水迷人

山水如画

民族风物 | 185

天母湖　　　　　　　　　五彩世界

红涛泛波　　　　　　　　层林尽染

红叶曼舞　　　　　　　　银装素裹

秋水宜人　　　　　　　　漫山红遍

山枫如火

祭祀山神保平安

白马藏族世世代代居住在崇山峻岭之中,生产劳动及日常生活都与大山紧紧地联系在一起,天长日久,大山便成了他们崇拜的对象。山神崇拜是白马藏族原始宗教中自然崇拜的重要组成部分,广泛存在于白马藏族聚居区内。在诸多的山神中,"叶西纳蒙"(白马老爷)为白马地区的总山神。每年农历二月初二,白马各寨群众都要身穿民族服装,在叶西

宰羊祭山神

每年农历二月初二,白马各寨群众都要在叶西纳蒙神山前举行隆重的祭祀山神活动

纳蒙神山前举行隆重的祭祀山神活动。

白该、白莫诵经，柱上挂有献祭羊

祭山活动多由白马藏族巫师白该主持。届时，白莫将"苄道"与现场宰杀的山羊内脏一并供奉于祭祀台上。接着，主祭者点燃柏枝松烟，白该、白莫开始击鼓诵经，众人依次前往祭祀台前进香祭拜，祈求山神把冰雹、旱涝、虫鼠害、火患等自然灾害收去，把瘟疫病症收去，把官司口舌收去，把不祥之事、邪魔鬼怪等等统统收去，并处置好，以保一方平安，风调雨顺，年景丰收；保无病无恙，人丁兴旺；保财产安然。然后，由白莫从祭祀台上请出"苄道"用双手捧着，白莫颂咒于前，众人助吼于后，将"苄道"送往神山中。

祭拜

祭祀完毕，人们返回祭祀台前的空旷之地，载歌载舞，互祝吉祥，共度传统佳节。

平武县白马藏族"二月二"祭山会，已成为挖掘和弘扬白马藏族传统文化，展示白马藏族民俗、歌舞的重要平台，对当地民族文化的传承与经济社会的协调发展起到了积极的推动作用。

民族风情 | 189

祭山活动（1）

祭山活动（2）

走进白马

祭山活动（3）

祭山活动（4）

祭山活动（5）

祭山活动（6）

祭山活动（7）

民族风情

祭山会上人们载歌载舞欢度传统佳节

盛大的篝火晚会

走进白马

人们将"节道"恭送山中

欢乐的山寨歌会

每当阳春三月，积雪初融，春回大地，白马藏族便开始欢庆一年一届的山寨歌会。

山寨歌会因于每年清明节期间举办，故又叫清明歌会。山寨歌会的来历有着有趣的传说：相传在遥远的古代，白马部落中有一位杰出的歌手名叫阿拉鲁，他所唱的歌全部装在一个名叫鲁干布的歌囊里，只要揭开歌囊的盖子，他的歌唱十五个通宵也唱不完，而且一支比一支更动听。后来，阿拉鲁用他动听的歌声帮助部族首领除掉了魔鬼，首领见阿拉鲁聪明能干，就将自己的爱女嫁给了他。婚礼那天，十八寨族友都来参加盛会，寨子里人山人海，院坝挤不下，阿拉鲁便让人们到寨外的河边草地上去唱歌跳舞，又叫仆人把歌囊带往草地。赶路途中，仆人由于心急，不小心把歌囊掉在了地上，于是歌囊里面的歌就像流水一样淌了出来，从此，阿拉鲁的歌就在白马山寨年复一年地汩汩流淌着，就这样，慢慢地形成了歌会。

歌会这一天，白马藏族人都会带着节日的喜悦，身着绚丽的民族服装，从各个村寨，纷纷奔向会场，常常把寨子的会场围得水泄不通。一阵火枪的爆响拉开了歌会的序幕。率先出场的是"俄若卜卜"（漂亮的姑娘），她们身着节

木座山寨歌会

走进白马

木座乡第十届山寨歌会

日盛装，腰束五彩花带，胸佩鱼骨牌，头戴白色毡帽，个个手捧"热依"（酒），唱起了古老的《敬酒歌》。伴随着优美的歌声，她们向远道而来的客人一一敬酒。这时，在场的男男女女、老老少少也纷纷端起了酒杯，不约而同地唱了起来。粗犷豪放的歌曲掺和着浓烈的酒气在山寨里回荡开来。这歌声如潺潺的溪流淙淙而至，继而声音变成了湍急的山泉轰鸣着飞泻直下；一会儿歌声如盘旋山谷的鹰，挟裹着呼啸的山风扶摇上升；一串串音符在空气中撞击、摩擦，发出像金属一样厚重的回声，一节节旋律在四周蔓延、流淌，似潮水起落浩浩荡荡。霎时间，阵阵激越高亢、纯净明亮的歌声已将会场中的人们全部淹没，这时，你一定感觉到自己的血液已经在体内奔涌，甚至有了一种酒不醉人人自醉的感觉。

圆圆舞

民族风情 | 195

歌会上除了表演传统的白马藏族民间山歌对唱、猫猫舞、大刀舞和圆圆舞外，最具特色的要数面具舞，白马藏族称之为"跳曹盖"，它是白马藏族最为古老的一种祭祀舞蹈，这种舞蹈，过去仅在过年期间才进行，如今在接

跳曹盖

待贵宾或歌会中也会表演了。在一阵阵阴沉的角号声中，场内的男女老幼顿时又激奋起来。舞者翻穿白色羊皮衣，后系牦牛尾，头戴狰狞凶恶的木雕曹盖，手执大刀，在白该率领下舞入场中。他们踏着鼓点，厮斗拼搏，回旋跳跃，场面惊心动魄，煞是好看。

场上表演完毕，接着全寨老幼又在白该的率领下，拥着头戴曹盖的"众神"在寨前寨后，沟谷地间，举行驱赶鬼邪活动。一时，号角齐鸣，枪声不断，人们的吼声惊天动地，人群最后将鬼邪赶至寨外的夺博河中。于是，人们

丰收舞

欢呼胜利，感谢上苍，庇佑全寨大吉，人畜兴旺。随即，本寨寨民分别将亲临歌会的亲朋好友、贵客嘉宾请到家中做客，端出自酿自制的咂酒、蜂蜜酒、荞麦饼和砣砣肉，盛情款待客人，席间酒歌悠悠，欢乐不断。

歌会的高潮还在晚上。当夜幕降临后，院坝中央早已点燃了熊熊篝火。酒酣耳热之后，姑娘们又开始围着篝火跳起了白马藏族传统的圆圆舞，她们有节

篝火晚会

奏地摆着手，轻盈地扭着腰，甜甜的笑靥里透出似水一样的柔情，优美的舞姿带着诗一般梦境，让清凉的夜晚泛着一股少有的温馨。随着升腾的火焰和鼓点，小伙子们与在场的人也情不自禁地跨进了舞圈，他们手牵着手，肩并着肩，跳着、唱着：

> 我们的帽子上插的是白色鸡毛，
> 白色的鸡毛是我们民族的标记，
> 艳丽的裙衫是我们民族的春天，
> 白色毪衣标志我们民族的冬天，
> 我们的生活就像蜂糖那样甜蜜，
> 我们要把歌唱的像山泉那样流畅，
> 我们要把舞跳得像磨儿那样旋转……

热辣辣、滚烫烫的曲子，质朴劲健的舞蹈，带着古风的狂歌狂舞，酒酣情至，通宵达旦。

后　记

　　金秋十月，涪江上游，龙安府城，当我在键盘上敲打《走进白马》的最后一个字符时，我沉浸在一种如释重负的快意之中。这是我向读者奉献的又一束小花，它是我心血的结晶，是对生活的感恩，也是对一个誓愿的回答。

　　说实话，我没有月缺花残、黯然泪下的多愁善感，但我毫不怀疑自己的理智和情愫，毕竟时代的风风雨雨赐予我的实在太多。我要让我的笔和镜头再现过往生活的热烈和苦涩，也要探究生命那安静透明而又浑厚朴实的温存的本质，让心灵的积淀化作丰饶的乳汁，浇灌早已凋谢的情感花蕾；我要在烟雾迷蒙的崎岖小路上继续探索，即使在陡峭崖壁，也要用明亮的镜头去猎取前人艰辛留下的足迹，并感受朝露的芳馨；我要用文字的谷粒去安慰饥饿的肠胃，用纯爱的甘霖去滋润干涩的肌肤。

　　于是，我迈着沉重的步伐，再次走进神秘的白马，领略神奇与美丽，探寻独特的文化与文明。确实，白马是一个独特而又圣洁的地方，是我心中的世外桃源，是人间最后的迷境。那里有高耸入云的雪峰，神奇壮美的峡谷，浩瀚无际的森林、美丽壮观的瀑布、清纯明丽的蓝天、澈如明镜的湖泊、古朴典雅的民居、浪漫多情的婚姻、别具一格的丧葬、众多纷繁的节庆、绚丽多彩的服饰，还有古老神秘的宗教崇拜、丰富多彩的文学艺术，这些无不使人心醉神迷，流连忘返。

　　怀着对家乡、对白马藏族的感恩怀恋之情，我又开始上路了。当我开始动笔时，总感觉忐忑不安，不安的是，这些年来，以白马藏族为题材的好文章都被其他人写完了，好材料都被其他人用尽了，好风景都被其他人写烦了，好故事都被其他人讲腻了，现在我跑来，一脚插进去，还有立足之地吗？该不会踩着别人的脚背吧？这样一想，我心灰意冷了。是写，还是不写？就在我犹豫不决的时候，一位文友对我说："你不是拍摄、收集了那么多白马藏族的图片和文字资料吗,你可以编写一本图文并茂的民族风情书籍嘛,这下就不会踩着别人的脚背了。"噫,此话可听!我明白自己该怎样下笔了。

于是,深夜,万籁俱寂,书桌前,电脑边,我正襟危坐,开始挑灯夜战了。难忘的记忆、曲折的经历、不屈的奋斗、胜利的喜悦,一齐化作汹涌的海潮,扑向礁石,扑向岸边,推动我的笔锋,让键盘泛波出柔美而又铿锵的旋律!

于是,我的《走进白马》终于诞生了。"十月怀胎,一朝分娩",自己的宝宝总是可爱的。我不感妄为自己的稚嫩之作披戴美丽的光环,但我相信它比以前任何一本书都有所超越。因为它是一本图文并茂,并有说服力的书。

在这里我要特别说明的是,本书的写作曾参考和引用了不少专家学者的一些成果,由于内容繁多,以及行文关系,恕未一一注明。仅在本书出版之际,谨向撰稿者致谢。

在本书写作、出版过程中,不仅得到了我的家人、亲朋的鼓励和支持,也得到了许多文朋艺友的协助和指教,同时离不开多人的鼓励、支持和帮助。在这里我要特别感谢李治平县长多年来对我的真挚关心,感谢他为我解决出书经费上的一些困难;感谢感谢县人大副主任益当珠先生为本书编撰提供宝贵意见,并对文稿字斟句酌,精心修改;感谢县政府办公室主任孟松林先生为本书出版操心费力;感谢何绪茂先生慷慨解囊;感谢张世春先生、羊和平先生、刘贵友先生细心校对书稿。值本书付梓之际,特向上述给以我各种支持和帮助的朋友们表示最诚挚的谢意。

虽然我已搁笔成稿,但我仍感到不安,不安的是本人水平有限,虽已尽所能,仍为难免遗漏错讹而抱憾,敬祈读者不吝赐教。如能指正,我会非常感激。

谨以此书献给白马藏族人民,并以此感恩抚育我成长的这片热土。

向远木

2016年12月8日